和女兒一起旅行的日子

最好的旅伴是女兒，
最棒的旅行是跟著書店去旅行！

李惠貞、陳德誼 · 合著

A trip with my dramatic daughter

Contents

一個大膽的願望 / 李惠貞

在我的人生經驗中，很少感覺自己有冒險性格，然而我所做的決定好像經常令旁人吃驚。例如快50歲時成為自由工作者，做一件無法想像要如何賺錢的工作（推廣閱讀），這段經歷寫在《成為自由人》書裡。目前我仍在獨立路上持續前進，顯然生命的軌跡不需要以憂慮設限。

但我想我不是喜歡冒險，只是射手座樂天及行動派的特質，總是驅使我努力去找到實踐的方法，如此而已。

獨立工作之後，擔任兩個單位的顧問，很巧地都直接或間接與空間經營有關，加上獨角獸計畫原本就是為了倡導書及書店的重要性而存在，因此，對於「書店／實體空間」的未來發展及可能性，我有一種迫切想要探索的心情。帶女兒去日本書店旅行一個月，便是在如此背景下萌生的念頭。

不過一開始，我只把願望放在心底，並不認為能夠實現。直到某天，又去到喜歡的咖啡館工作，無意間和老闆聊起這個大膽（又心虛）的夢想，他只是笑笑並不像在聽什麼離奇的事，反而鼓勵我去進行。這下換我吃驚了，接下來我所提出的種種困難（旅費、交通……）他都一一駁回，給我實用的經驗及建議，讓我突然感覺這件事沒那麼遙遠。最後我說出最難以克服的顧慮，家裡兩隻寶貝狗不知要託付給誰，他依然笑笑地說：「我幫妳顧。」

所以，願望能成真，第一要感謝窩著咖啡的鵬真和彥良。從此之後，每一趟國內外出差旅行，我不再需要掙扎，寶貝狗都有可以放心託付的對象。衷心感謝他們的善心和愛心。

我也慶幸那天把願望說出口，說出口，它就成為一種決心。

第二位要感謝的是菩薩寺葉師姐。師姐在出發前匯給我一筆旅費，支持我和諠的計畫，當下的激動和感動無法形容。這趟旅行能買回來許多珍貴的書，正因為有師姐的資助，她溫暖地鼓勵我：「有些事錯過就錯過了。」於是，帶著許多人的支持和幫忙，我期許自己和諠在旅行中要盡可能去看、去體驗。

30天的旅行，去到了7座城市、66間書店，每天走超過1萬步，最高紀錄一天走13公里。雖然母女（一如既往）迷路、耍笨的事例仍是不少，但是收穫非常豐富。每天陪我進行「主要行程就只有書店」的旅行，諠從沒抱怨，反倒跟我一樣樂在其中。跟女兒單獨旅行一整個月，並且讓她也愛上閱讀和逛書店，或許才是這趟最珍貴的禮物。

附帶一提，不認識我們母女倆的讀者應該不知道，我和諠都沒方向感，我甚至連自行車都不會騎。然後我倆都不會說日文。因此你大概明白了，這個計畫大膽的不是旅程本身，而是因為旅行的人。如果你看完本書也有感染到我們的愉悅和充實感（如果沒有覺得太笨而摔書），我想它不只是一趟旅行，也是一個勵志的故事。

至於行程是如何決定的，其實很簡單，我把蒐集多年的名單拿出來，看看前幾名最想去的書店都落在哪幾個城市，然後打開日本地圖對照，從我們較陌生的西部開始，一路向東。

因為一個月時間太長，沒辦法詳細規畫路線，只能大概記下每日主要目的地，行前再搜尋附近順道拜訪的地點。也因為我的重心都放在書店，所以關於這趟不小心去到的景點，完全都沒有做功課，很抱歉無法給大家一本實用的旅遊書。但我想，網路可以查到的資訊不放應該沒關係，

希望讀者用不一樣的心情來看待它，就算是繞路、迷路、莫名其妙走到，也有意外的美妙。

因為要控制預算，我每天記帳，也要求自己和誼每天都要寫日記。雖然當時很累，但現在看來是正確的，旅行種種，還是日記最有臨場感。也因此我清清楚楚記各種花費比例，以及哪些書店值得再次專程造訪。本書以我們兩人的日記為主，雖然事件相同，但母女角度不太一樣，有許多有趣的對照；日記以外也有新增的文章，專文介紹了24間在我心中留下深刻印象的書店。雖然因為疫情，目前書店經營狀況已和當時不太一樣，然而曾經啟發我們、令我們驚豔的美好相遇，依然有分享的價值。

另外誼請我務必補充說明，她從2020年下半年開始，因為讀了很多跟動物和環境有關的書，成為蔬食者，2018年書店旅行是在她開始吃素之前。為免讀者困惑，先交代一番。

最後感謝我的旅伴，有她相伴的旅行非常有趣。就算不考慮母女關係，要我選擇一位我願意長時間相處而不會感到厭倦的最佳人選，那仍是誼。

很開心母女倆一路見證許多風景，創造只有我們能創造的時刻。先生過世後，我曾在心裡對自己說，往後我能去到的地方，一定都會帶著誼。或許我無法留給她財富，但會盡可能給她眺望世界的機會，培養自立成長的信心。希望這些風景和記憶沉浸在她心裡，未來人生需要的時候，能召喚出溫暖自由的感受。

任何小事都能開心 / 陳德誼

「和媽媽單獨旅行一個月,而且主要是去書店」,這對許多人來說可能難以想像甚至有些卻步,但我卻不會。對我來說,有個負責安排所有行程的旅伴就是一個超棒的旅行(是有多懶?),加上我和媽媽的品味非常相似,她想去的地方通常我也都很喜歡,而且就算一整天沒什麼特別的目的地,光是走在路上吵鬧搞笑也會很開心,這就是我們旅行的特色。

事實上,我在旅行前不會有太多期望,不是不期待,我只是不會預設要看到什麼風景或是做什麼事,只要出去玩,基本上我有信心一定會玩得很開心。我(還有我大多數的朋友)有個特點,就是很會找出令自己開心的事物,各種小事都可以,雲長得好可愛!店員好親切!剛好都沒人耶!好多人好熱鬧喔!就算稍微不順利也可以轉換成「不過至少……啊!」,只要具備這樣的能力,每一趟旅行基準分就有100了!

這趟書店旅行,對於幾乎不會說日文的母女來說,還是有滿滿的收穫。光是進入每一間書店,觀察每間店不同的空間設計、不同氣味、不同的陳列書的方式、營造的氛圍,就足以讓人細細品味很久。各自發現封面、內頁有趣的書或雜誌,激動地分享給對方,再看著對方手裡拿的書驚呼,只是很輕鬆、很單純地欣賞美的事物,對我們來說就是很棒的體驗。

在日本的這30天喚醒了我所有的感官,每天都像是在看一場大型展覽。我們進入山中也眺望大海,在都市奔波也享受晚上七點後就沒有商店的寧靜,各種面向的日本都充滿魅力,透過各式各樣的書店讓我們認識這七座城市,視覺與精神都獲得了滿滿的養分。

雖然不是一帆風順的旅行,卻是無法取代的美好經驗,已經期待下次的書店旅行了!

廣島　　　　　　大阪

| 9 | 10 | 11 | 12 | 13 | 14 | 15 | 16 | 17 | 18 | 19 | 20 | 21 | 22 | 2 |

←⎯⎯⎯⎯⎯→　　　←⎯⎯⎯⎯⎯⎯→

福岡　　　　　　　　　神戶

←⎯⎯→

尾道

每日造訪書店數

| 2 | 1 | 2 | 2 | 2 | 1 | | | 1 | 4 | 1 | 2 | |

| 25 | 26 | 27 | 28 | 29 | 30 | 31 | 1 | 2 | 3 | 4 | 5 | 6 | 7 |

←——————————————————→

東京

←——————

京都

| 6 | 1 | 3 | | 3 | 5 | 4 | 2 | 7 | 3 | 2 | 3 | 5 |

8/9 (四) DAY 1

台北 → 博多　*住：Wing Hotel

 珊珊颱風逼近東京，許多航班調動，在這樣的情況下展開旅行，還好飛福岡班機正常。

抵達福岡機場後，設定手機和網路花了許多時間，我跟誼說，等我們離開機場時會不會已經冬天了。

好不容易離開機場，在大太陽底下拉行李走了十幾分鐘到 **Wing Hotel**，滿頭大汗，卻聽到櫃台小姐抱歉地說，我們訂的是新幹線站那間，不是博多站這間（同一個站，但東西方向不一樣）！崩潰。

後來誼說了一句名言：「我們今天其實沒有搞烏龍，只是所有事都比較難一點。」

來到日本的第一間旅館，印象不錯：網路快、位置佳（離地鐵站近、附近幽靜但也有不少店、對面就有超商）。房間雖小、什麼都有（有潤絲精、浴缸）。室內很亮，插座多，浴室水夠強！

1. Wing Hotel 一樓有書，媽媽很開心 2. 內臟鍋初體驗
3. 回旅館前去可愛的店買兩個口味不一樣的布丁

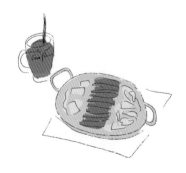

今天4:00就起床了！很早吧！但是飛機延誤了快一小時（噢噢我們坐到的是三麗鷗一些配角的班機唷！）

出海關後，我們先把專門帶來導航的手機下載一個權限，但這個部分我們弄得心超級累，因為機場網路跑超～～～級慢，總之最後成功弄好了，也買到公車票，順利搭到博多車站！

辛辛苦苦拉著行李、拿著電腦跟相機走到飯店後，櫃檯小姐不好意思地說：「Not here～」我想說嗯？我有聽錯嗎？沒有，我沒有聽錯，Wing Hotel呢，有兩間，我們走錯方向了！我原本還想說中午就抵達福岡，飯店下午3:00才能check in，那我們中間要做什麼勒～結果我們到真正的飯店根本就快4:00了。

在飯店休息一會兒，陳家母女前往**Kitte**百貨，在百貨門口看到一隻肚子朝上的

蟬在掙扎，我們很害怕又想幫牠，媽媽用腳幫牠翻正，看牠順利飛走我們才放下心。

一進百貨公司，直接倒抽三口氣，這家店太可愛了啦！媽媽後來買了一個口紅盒（她堅稱她需要）。然後走到了B1美食街覓食，每一間餐廳都非常有特色，害我們選好久，後來選了一間火鍋店聞起來很香的（店員非常之帥氣ㄉㄟˇ斯），結果發現全都是內臟鍋（不敢吃），可是不好意思逃走只好點了一鍋來嘗試～結果蠻好吃的！還點了草莓碳酸酒跟烏龍麵配著吃很飽很飽～

8/10(五) DAY 2

四市日站 → 太宰行 → 一蘭拉麥面 → Book & Bed → 天狼院書店 → 季島雉宮

今天要去搭「太宰府旅人觀光列車」！網路上看來很美，每個車廂圖案不同，還放置有不同的祈願箱。但我們沒注意到從天神站起始的班次一天只有一班，結果到站時眼睜睜看著它離開！後來改到四市日站換車，順利搭上。

太宰府天滿宮很美，拍了好多照片。有個小插曲：我以為心愛的陽傘不見了，誆也嚇一跳，結果她正拿著。超白痴的，兩人笑好久。

今天去的兩間書店都很成功，心滿意足。從 **Book & Bed** 開始，一路上散步非常舒服，隨處可見優雅美麗的店及街景，喜歡這樣的福岡。天神站地下街也好逛。

到了太宰府的街道直接被美翻！雖然日正當中有點熱。經過一間賣霜淇淋的店有賣飲料，我跟媽媽說想買，問她要不要順便也買個霜淇淋，她原本不要，我說「有黑糖口味哦！」媽媽立刻說「那買吧。」媽媽好容易被說服。

天滿宮真漂亮！後來我們往上走去天開稻荷神社爬了小山，旁邊都是高～到不行的樹，我覺得超級酷，而且沒什麼人。

天神是一個超！級！讓！人！倒！抽！口！氣！的！地！區！街道非常非常非常美麗，大樓也是，小店更是可愛又充滿特色，街上也很乾淨，是個會讓人目不轉睛的地方。喜歡福岡！

1. 旅人列車車票 **2.** 前往太宰府天滿宮路上，買了此行第一支霜淇淋（櫻花氣泡水&黑糖霜淇淋）**3.** 入天滿宮之前，先去摸一波會讓課業變好的牛 **4.** 在Book & Bed讀到的雜誌，介紹在地的福岡

來到書店住一晚：福岡Book & Bed

我們這次沒有住Book & Bed，但還是很想入內參觀，非常好奇在書店裡過夜會是什麼感覺。好在Book & Bed平日下午非住宿者也可入內閱讀（書籍僅供內閱不販售），每間分店收費方式及提供服務稍有不同，福岡店內閱一小時880日圓，附一杯飲料。

日本第一間Book & Bed於2015年誕生在池袋，以書店結合膠囊旅館的概念，實踐了愛書人「想在書店裡醒來」的夢想。木質設計，氛圍溫馨，每個床位都附有門簾、衣架、插座和免費Wi-Fi，以及一盞閱讀燈。現場感覺真的很溫馨。

選書部分由Shibuya Publishing & Booksellers（我們之後到東京會去！）負責，每個分店書種都有上千冊，並且因為是有許多外籍旅客往來的地方，除了日本書之外，也有英文書和各種主題的日本旅遊書。我在這裡讀到介紹福岡的本地雜誌，記下一些Google搜尋不到的珍貴資訊，深深覺得一本好雜誌就是城市的入口。

目前東京有四間Book & Bed，京都、福岡則各有一間。Book & Bed選書精彩，在這裡看書非常享受。一小時的充電休息剛剛好。

地址：福岡縣福岡市中央區天神2丁目11-1 福岡PARCO新館6樓　**交通**：天神站西口7號出口直達
官網：bookandbedtokyo.com

有閱讀相伴的生活：福岡天狼院書店

2013年在東京池袋成立的天狼院書店，目前已有11間分店，福岡天狼院是我們與它邂逅的第一站。

也許是天神區散步太舒服、天氣太好，進入書店之前已有開朗愉悅的心情。踏進這個充滿能量的書店，眼睛隨即為之一亮，遠處書牆上大大地手寫著「何になりたい？」(你想成為什麼人？)，其下書櫃分類有「攝影師」、「設計師」、「作家」、「書店人」、「料理人」、「美女」……立刻感受到這是一間很不一樣的書店。

黑板上用粉筆記錄著整個月份的活動，日文能力有限的我也能從觀察

中得知，這是一間非常有企圖心的書店。

天狼院書店創辦者三浦崇典認為書店不只是賣書的場所，他在官網寫著，「我們為讀者提供各種活動，例如讀書俱樂部、研討會、旅行、戲劇演出，有時還製作電影。即使是書店，你也可以鑽入暖爐，小睡一下，因為我們提供的是『READING LIFE』（有閱讀相伴的生活）。」

店裡長期舉辦寫作、編輯相關活動，感覺是以書為核心，專注且認真地培養相關人才和興趣的交流中心。此外，還有許多神秘有趣的社團，把「書店是創意實踐的舞台」發揮得淋漓盡致。

地址：福岡縣福岡市中央區今泉1-9-12 ハイツ三笠2樓　交通：天神南站步行7分鐘　官網：tenro-in.com

福岡天狼院書店滿室的陽光

8 / 11 (六) DAY 3

ナツメ書店 / Sleep cafe and roaster
→ 博多 → Read Cafe → B·B·B POTTERS → mille

1. 在月台上看到一對年紀差很多的兄弟，這覺得這樣的大哥哥超加分 **2.** 書店裡的焦糖牛奶和薑汁汽水（冰塊是一顆球） **3.** 如果在喜歡的書店待很久，都一定會買書支持 **4.** B B B POTTERS品味好，食物也令人驚豔

搭一個多小時的車到一間臨近海邊的書店：**ナツメ書店** / **Sleep cafe and roaster**，雖然書店本身看不到海，但是我跟誼都很喜歡！而且它隔天開始店休，差一點就無緣進入。

中午回博多吃飯，在地下街吃到很便宜又好吃的唐揚丼飯（後來再也找不到）。傍晚搭公車去藥院站。終於發現一個台灣比日本好的部分：我們的公車站比較舒服，有地方坐，空間也較為寬敞，在日本，天氣熱時所有人擠在一起等，真累。

朋友推薦的**B B B POTTERS**果然是一間厲害的選品店，2樓食物也好吃！傍晚在附近散步又看到好多好看的店，明明不是很熱鬧的街區卻臥虎藏龍，真是驚人。誼拍了好多照片，我問她是不是有拍病。

最後買了水蜜桃回旅館吃。這趟旅行最開心就是有便宜又好吃的水蜜桃！

 吃早餐的時候媽媽以為她的水喝完了，所以不小心打翻……對，這就是今天的開始。

走去書店的路上太陽很大，媽媽說想戴太陽眼鏡，結果一打開眼鏡盒，她帶成老～花～眼～鏡啦！哈哈哈哈哈哈哈哈我真的笑到不行。

這間遙遠的書店有太多太多太厲害的書，我跟媽媽坐在後面的書區一本接著一本地翻，最後買了兩本都是我推薦給她的！

回博多吃完飯想說離旅館很近可以先回去把剛買的書放著，結果回飯店兩個人就呼呼大睡到4:30。傍晚逛一間選品店 **mille**，我立刻被好多小東西狙擊！太可愛了，有比熊MAMBO的商品，但我什麼都沒買唷！mille逛得差不多要走回公車站途中買了Qoo（好久沒看到了），在公車上很幸運又有位子，只是中間我跟媽媽講話時突然公車變得超級安靜，我覺得好好笑。

宛如選品店的老房子書店：
ナツメ書店/Sleep cafe and roaster

一推開門進去，我就知道會愛上它。臉上掛著微笑的年輕店主夫妻，各式老家具擺放著一本本美麗的書，彌漫著咖啡香味的吧台……ナツメ書店就像是好品味的選品店，而不只是陳列書的空間。

不知為何，總覺得老房子和書店特別契合，這間有百年歷史的老房子，前身是鐘錶店，在年輕店主手上依然保有歷史感，以及舊物才能散發的沉靜氣質。天花及牆面上不時可見主人巧思，具設計感的手作物件，輕巧地平衡了老屋的厚重，並且賦予更多可看性。

然而書店最重要的靈魂還是書，ナツメ書店並未因為傑出的空間設計及選物而消減了選書的能力。我和誼在這裡幾乎每個書櫃都瀏覽了好幾遍，深怕錯過任何一本有趣的書。

店裡看書期間，不時有很像鄰居大叔的人走進門和店主說話，談笑幾句或喝杯飲料就走。感覺書店作為社區的一個交流場所，是很重要的存在。

想起蔦屋書店創辦人增田宗昭曾說，書店應該要有「讓人專程而去的魅力」，ナツメ書店 / Sleep cafe and roaster百分百是一個這樣的地方。

地址：福岡市東區西戶崎1-6-21　**交通**：從博多站搭車約45分鐘，西戶崎站步行5分鐘
官網：natumesleep.com

8/12(日) DAY 4

MINOU BOOKS & CAFE → 四月の魚 → cafe & bar 溜 → 博多 → Tsutaya Book Garage

今天再度專程造訪一間遙遠的書店！搭一個多小時車，為了《Casa BRUTUS》雜誌曾介紹過的**MINOU BOOKS&CAFE**。下車後走了15分鐘，天好熱，路上幾乎沒有人。

在MINOU待了一下午，很喜歡。但是回程有點不順，手機把我們導航到一條死路，那時已走了近20分鐘，快熱死在路上，後來分享熱點，用誼的手機導航，才走回正確的路（中間還問人）。一到站就上車完全沒有等，而且很幸運地在要下車的地方醒來（一上車就睡死）。

傍晚想去**Tsutaya Book Garage**，公車站牌找好久，上網查詢交通方式，不論中日文都只說到博多站搭公車較方便，卻沒有說明怎麼個搭法。原來不在站外最多人排隊的A、B、C...站牌，而在總站的NO.1、2、3...。正解揭曉：公車站牌NO.14，公車編號32、33、37都可到，在吉原站下車，大概搭35分鐘左右。

Tsutaya Book Garage旁的**Means**披薩好吃！一個大披薩促銷價才350日圓（原價500）。

旅行剛開始，已經感覺會很拚了。

1. 在月台看到一對打扮可愛的母子 2. MINOU的甜點（香草冰淇淋+咖啡凍+蛋糕，再淋上熱呼呼的espresso）3. 四月的魚有很多有趣的小東西 4.外觀美、餐也好吃的café&bar溜

到了築後吉井站，出站時發現這站太小所以無法使用IC卡，車站的阿伯用日文跟媽媽說明，媽媽竟然都聽得懂！總之，付現金就可以了。

MINOU有一點小挑高，氣氛、音樂、空間都很舒服，而且在這樣的小鎮也有不少人來來往往，覺得很神奇。媽媽在這裡買了五本書，我覺得每一本都好看也很值得收藏。

書店附近有一間**四月の魚**選品店，是媽媽前兩天在Book&Bed的雜誌上讀到的，結果進去要脫鞋，好險店裡有附拖鞋，因為我今天穿的襪子超級破爛，看到會很鼻酸的程度。

午餐的地方**café&bar溜**，是我上網查到的。爆炸好吃！（沒別的形容詞了）坐隔壁的男女，男生講什麼女生都「ㄟ╱～～～斯勾已！ㄟ╱～～～斯勾已！」然後男生就一臉「怎樣我很斯勾已吧」地看著她，覺得超級妙。

吃完飯搭車回市區路上景色很像電影場景，但天氣真的是不可理喻地熱，而且今天是我唯一沒防曬的一天，我不知道為什麼我要這樣。

5. 後來才知道這些白色外牆房子是重要的白壁土藏建築 **6**. 大太陽底下迷路20分鐘感覺像迷路了一年 **7**. Tsutaya Book Garage內部是一個超大倉庫 **8**.Means披薩盒子也很有設計感

書店內外都是美麗風景：MINOU BOOKS&CAFE

浮羽市吉井町人口不多，但因為保留了大批白壁土藏家屋建築，假日有很多遊客到訪。明治初期幾場大火燒掉了許多傳統茅葺房屋，因此當時的富豪改建具有防火功能的白壁建築，1996年被指定為「傳統建築群保存地區」。

但我們並不是為了建築而去，我一心只有一個目的地：MINOU BOOKS&CAFE。

MINOU店名來自附近的耳納連山（みのう），前身是一間魚店，屋齡有

五十多年。店主原本在福岡的大書店工作，決定回鄉開書店前，到美
國西岸造訪了許多窗明几淨的美麗書店，那便是MINOU的原點。

在風格雜誌《Casa BRUTUS》第一眼看到它時，就想著有一天一定要親
身造訪。

果然沒有令我們失望。狹長的店內空間分為兩區，進門右手邊是咖啡
區，左手邊才是書店，中間以好看的選品及木櫃區隔。室內非常乾淨
明亮，飲品也有一定水準，甚至菜單的設計都不馬虎。日本的書店經

常令我意識到，日本人的美學素養並不侷限在設計相關領域，而是深植在他們的成長基因裡。即便是書店，也充滿美的元素。

我和誼在這裡待了一下午，從一開門還很安靜的時刻（我們是第一組客人），待到陸續有許多讀者進門，然後客人漸次離去接近關店的時間。後來回想，MINOU應該是這一個月造訪的書店中，人氣最旺的。看來專程造訪的遊客頗多，並不只是當地人。

MINOU書和選品的搭配陳列非常傑出，也有座位供讀者歇腳，不算大的空間裡營造出豐富、貼心且具層次感的閱讀動線，令人不捨離去。

地址：福岡縣浮羽市吉井町1137　交通：筑後吉井站步行12分鐘　官網：minoubooksandcafe.com

8 / 13 (一) DAY 5

COFFEE & BOOKS manu coffee BOOKS Kubrick → 福岡蔦屋書店 → 博多站 → 旭軒

走路去今天第一間書店,在大樓一樓的開放空間,是咖啡店和**Book Kubrick**合作的書店。但是書沒有很多,一下就逛完。午餐後搭公車**去福岡蔦屋書店**,蔦屋書店空間設計一向很強,落地窗旁的座位區看起來好舒服,但是全部都被坐滿。

其他想去的地方都是週一公休!瞬間無處可去,決定回博多休息。本想買昨天的美味點心,但怎麼都找不到!博多站太神奇了,諠說我們怎會走了五天,每天經過的地方都還是沒走過的!

好笑的來了。傍晚去附近一間諠搜尋到的餃子店用餐,這間店有煎餃和雞翅,而且很便宜。

到了以後,已有人在排隊,果然是名店嗎?!等待時看Google上的評論,自動翻譯成莫名其妙的中文,諠笑到流淚!幾乎每則評論都說餃子很小,還有寫到「姆指般大小」,我跟諠當時還沒有「一口餃子」的概念,直覺不相信。

結果真的是!兩份20顆煎餃,放在一個一般大小的盤子上,還只佔二分之一!然後雞翅又冷又硬,諠說不知道自己正在吃的是肉還是骨頭。以份量來說,若要吃飽,其實並不便宜。

回程去逛博多站,又到了些沒去過的地方!

1. COFFEE & BOOKS manu coffee Books Kubrick門口 **2.** 福岡蔦屋書店外觀 **3.** 蔦屋書店內部靠窗位置

前一天太累所以睡比較晚，沒有去吃飯店的早餐，走路去一間書店，發現它沒有提供鹹食，臨時找附近餐廳，結果不好吃。（在這之中因為我亂糾正媽媽還被罵了）

今天生理期第二天，比昨天還不舒服，所以戰鬥力很弱。不過在蔦屋書店還是翻了三本雜誌，都是跟設計或藝術有關的，好好看。

原本計畫逛完蔦屋後去另一間書店，結果出發前才發現它週一公休……所以我們想，好吧那直接去朋友推薦的咖啡店，結果它也公休……我要哭了（今天還特別穿漂亮耶！）。

調整完心情回到博多，想說去地下街逛一下，赫然發現博多站大～～～到不行！明明從一樣的入口進去，裡面卻是不一樣的世界，怎麼走都走不完，博多地下街一定是個黑洞或是異次元，絕對不是我們路癡，這裡的難易度我覺得超過北車的十倍。

休息過後，決定走去一間頗有名的煎餃跟烤雞翅店吃晚餐。到了門口有三組人在排隊，我們無聊開始看Google評論，奇怪的翻譯讓我笑到流淚（是真的，不是比喻）！

Google評論：「好的餃子，但是翅膀是後天的味道」、「小餃子，我想知道近年來它是否再小？」、「很好，但是盤子有點寂寞」哈哈哈。

8 / 14 (=) DAY 6

箱崎 Books Kubrick → 博多站 → 尾道站 → 照片　　＊住：尾道綠山飯店

早上很快吃了早餐、check out，衝去箱崎的 **Books Kubrick**，想說趕得上10:30開門，中午再衝回來拿行李，然後到博多站和台灣朋友吃飯。

結果！他們夏日休館到明天……都到門口了說。殘念。

搭車到尾道的路上很順利，但誼在車上又哭了，因為要離開博多覺得捨不得。我有一個淚腺發達的女兒。

進到旅館發生一件意外，大行李箱打不開！密碼明明是對的（120）卻打不開，試了十幾分鐘，我跟誼分別上網找解決方法，屢試不成。後來我索性躺在床上直接許願，相信事情會在10分鐘內解決。

許願完不到兩分鐘，誼就解開了！她試了110結果OK。真神奇！感謝我的神和誼。

傍晚和誼出去散步非常開心（可能因為行李箱問題解決，快樂加倍），走到**紙片**，好喜歡！它是我來尾道的主要原因（後來每一天都來報到）。

路上在7-11買了冰淇淋和香蕉，坐在港口邊吃冰淇淋。晚上月亮好亮，感覺比在台灣近，星星也很清楚。

回旅館和誼一起看志村健，笑到不行。

1. 尾道，我們來了！ 2. 紙片就在裡面 3. 這天體感溫度42度

早上衝去造訪的一間書店沒開，媽媽很失望。不過這樣我們就可以不用吃很趕的午餐了（往好處想）。

吃完午餐直接去搭新幹線！沒想到我一上車，突然意識到要離開福岡了，我都沒有好好跟飯店還有博多車站說掰掰，覺得好難過就哭了，媽媽覺得我太誇張……

我們先到福山換車再到尾道，一路上風景都很美，跟福岡又是完全不一樣的景色。

一出尾道車站，覺得哇賽超級熱！太陽超大，我們趕快拉著行李走去飯店，好險很近一下就走到。這間飯店的房間果然還是很小哈哈哈，不過很舒服。當我們正想把行李放好打開，赫然發現它鎖住了！（我早上提了一個餿主意：把拉鍊鎖起來，對，我後來很後悔）密碼明明記得一清二楚，但就是打不開，我跟媽媽都不敢相信，趕快上網查辦法，我只好隨便亂試，結果居然被我試成功！！！

下午因為外面很熱，體感溫度42度！我們傍晚才出門散步到紙片。沿路上，右手邊是大海，左手邊是一排美店。導航帶我們進去一條商店街的咖啡館門口，問了店員才知道書店還要再走進去。

紙片氛圍很神奇，我覺得很像一個神秘小洞穴，書店內部更是美得不可思議。

逛完回到街上，看到一間餐廳還開著，結果就是這裡有名的尾道拉麵～一進店裡，店員都很有精神地說歡迎，有個店員超～級～可～愛，我快瘋了。

4. 拍起來變粗了，事實上很細的月亮

尾道傍晚美麗的景色

藝術家打造的神祕空間：紙片

旅行回來後，若是有人問我此行最喜歡哪間書店？我的第一個答案總是「紙片」。

跟著Google Maps的指引，來到尾道本通商店街，站在一間可愛的Guesthouse前面，納悶著「紙片」在哪裡？原來這間あなごのねどこ（鰻魚的寢床）是尾道有名的青年旅館，旅館主人原本是在東京生活的插畫家，因緣際會接手棄置的空屋，加入尾道空屋再生計畫，慢慢打造成現在的樣子。「鰻魚」之名來自內部狹長的廊道。

而吸引我來到尾道的紙片，就在長廊的盡頭。

一望見入口，我就倒抽一口氣，它完全不像我想像中的書店，卻又無法形容地對味。我就像在海上聽到女妖美麗歌聲的船員，不由自主地向它走近。

回台灣後，進行了幾場關於這趟旅行的演講，我在簡報上寫著，「書店不是書的容器，書店本身就作品」。回想起來，讓我有如此感受的第一間書店，就是紙片。

書店內部並不大，但用心程度彷彿整個空間都是活的。閉上眼睛就可以想像店主的身影，如何悉心地在每個角落安排他心愛的書和CD，又

如何在適當的位置加上自己創作的物件。後來得知店主寺岡圭介是位
藝術家／創作者，一切都得到了解答。

住在尾道三個晚上，我們每天都來。第二次、第三次造訪時，總算能
更放鬆地去看「書」以外的細節。我注意到旅宿門口、書店入口各有不
同招牌，都是材質、手法各異的表現方式，每一件都能當作藝術品。

店裡選書非常精彩，我們來三次，每一次都買書。這麼小的空間，書
卻不會讓人感覺一下就瀏覽完，這始終是厲害的獨立書店最令我著迷
的地方。和書同樣有魅力的是店裡的音樂。有整面牆陳列著店主精選
的專輯，甚至有一張自製CD──與書店同名的音樂專輯《紙片》，收
錄19組音樂人、詩人以紙片為主題發想，創作出適合伴讀的21首歌曲

和10首詩。

經常有人說開書店太浪漫，然而我不太同意「浪漫」在這裡的使用。正因為經營不容易，能夠生存的，一定都付出了相當程度的心力及代價，那背後絕不浪漫，而是非常現實。浪漫是給使用者的，店主本身則背負著辛勞。也因此，這一路上，對於欣賞的書店總會油然而生一股敬意。

如果要在尾道待第四晚，我想我還會再去。

地址：廣島縣尾道市土堂2-4-9　交通：尾道站步行12分鐘　官網：shihen.theshop.jp

8/15 (三) DAY 7

Readen deat → 原爆圓頂館 → Akushu Cafe → ONOMICHI U2 → 紙片

 今天的書店行程是去廣島造訪 **Readen Deat**。Readen Deat也是一間秘境書店，隱身在2樓，沒有明顯招牌，若不是諳發現，我一定找不到。書店氣氛不錯，除了書和雜誌也有選品，氣質好的老闆非常親切。

回程走去本川旁的原爆遺跡，很震撼，我們靜靜地待了一會兒。

回尾道前在附近**Akushu Cafe**吃熱狗三明治，煙燻口味令人驚豔！旁邊桌坐了一位孕婦，又美又高，大概超過180，我跟諳都猜她是模特兒。

回尾道後，決定將時間留給**ONOMICHI U2**。我來尾道是因為紙片，但是對尾道的認識卻來自多年前《Shopping Design》某一期主題。

尾道過去曾是交通要塞，也有「文學之城」和「電影之城」的美名（小津安二郎《東京物語》和大林宣彥《穿越時空的少女》都以尾道為主舞台），但和許多曾經繁華一時的城市一樣，現在都面臨人口外移和老化的問題而沒落。2012年經由一間為活化尾道而創立的公司DLS，慢慢建立了新的風景。ONOMICHI U2就是出自DLS之手，改造舊時的海運倉庫，成為近幾年尾道的代表景點之一。

ONOMICHI U2裡頭有旅店（這次沒訂到）、餐廳、咖啡廳、選物店等等，設計、美感一流。雖然東西不見得買得起，但我很喜歡帶著諳去這些場域見識，相信對她的美學眼光會有幫助。

因為吃晚餐時間還早，又請諳陪我去紙片。路上買了一個焦糖口味的霜淇淋，實際上好像是牛奶糖口味，甜死了。不過老闆娘很客氣，請我們去裡面坐著等，好像貴賓室一樣，真有趣。

傍晚開始下雨，諳提議買泡麵回旅館吃，結果覺得日本泡麵沒有台灣的好吃。

今天本來要6:00起來看去外面散步看日出，媽媽說下雨所以我們就繼續睡。

起床後媽媽決定去廣島的書店，要搭10點多的火車，先搭一般JR再轉新幹線再轉公車。我們到三原站轉新幹線，但班次很少，要等快一個小時，所以我們出站隨便逛逛，結果這裡幾乎沒什麼人，就連很像西門町的一條街也沒什麼店有開，最後我們去附近公園盪鞦韆（別人看到一定覺得超級詭異）。

在月台等新幹線的時候我被它的速度嚇到，有一些沒有停靠這站的班次就會完全不減速地咻！過去，真的超超超超超快！

到了廣島市區準備要去搭公車，站牌竟有快20個，超級複雜，後來是媽媽找到的（贏了Google Maps）。

回到尾道後直接散步去ONOMICHI U2，就在我們飯店再過去一點。本來早上看氣象說是陰天，低溫會到23度，想說好像會有點涼，沒想到根本還是大太陽啊！！所以想要買支霜淇淋來降溫，我們選了一間**John hamburger**的霜淇淋～

晚餐兩個泡麵都不成功（還吃成對方的，是媽媽先吃錯，而且我覺得媽媽的醬包有臭腳味）。我們一邊吃泡麵一邊看最近很紅的《延禧攻略》，但後來我頭超痛，趕快洗個澡就去睡了。

1. Readen Deat是間有氣質的書店 **2.** 廣島市的原爆遺跡 **3.** NOMICHI U2裡面有小商店、麵包店、捷安特還有旅宿跟咖啡館
4. ONOMICHI U2選品水準很高

8 / 16 (四) DAY 8

活版カムパネルラ → Miharashi Tei → Petit Anon → ステンドグラス工房ケルブ

今天有一件驚險的事,走去搭
纜車中間經過鐵道,想在一個
彎道前搶拍火車經過畫面,沒想到火車
轉彎時離我的臉非常近,嚇一大跳!(如
果這樣死掉就太蠢了!以後要小心)

我們沒有聽Google建議的路線,看到一
間有營業的可愛小店就彎上去,是一間
活版印刷的小店**活版カムパネルラ**,買
了地圖兼空白筆記本。

再上去遇到景觀無敵的老房子咖啡館
Miharashi Tei,店內有很多書和雜誌,
太喜歡!在這裡喝飲料吃甜點,和誼一
起看了幾本書(介紹世界最美教堂、洞
穴、街道)。好舒服的地方,view超好,
雨停時可以看很遠~

誼問我要不要把日本書店旅行擴大成全
球書店旅行!本來很想捏她,哪來的
錢!後來又想(自己也很心動),算了先
許願,說不定有一天真的能實現。

離開時下毛毛雨,走上千光寺,這才發
現我們沒找到纜車山下的入口,自己走

1. 差點為了這張照片沒命 2. 很酷的活版カムパネルラ

→ Beeio → あくびカフェ → 紙片 → 上田玩具店 → after-end → Tranquility Pizza

上來了！不過也因此遇到幾間很棒的店。去到纜車站之前，遇到一間小亭子，幫誼拍了很多美照，剛好她今天穿紅色洋裝，在一片綠意中非常好看。

搭纜車下山後，莫名又走到了紙片所在的商店街，於是決定去一樓咖啡館**あくびカフェ**吃冰。牛奶煉乳冰太好吃了，值得。然後又再逛了紙片（感謝誼沒抱怨）。

之後走到商店街另一段，很多有趣的店：**Around Cafe**、**上田玩具店**、**after-end**（高級感的服飾店）、**大和湯**、**尾道浪漫珈琲**、**STREET MARKET GARDEN ONOMICHI**……

晚餐吃披薩。**Tranquility Pizza**是少數7:00以後還有營業的餐館，窯烤薄皮披薩非常美味！不知道是否店家貼心，先上一個披薩，當我們快吃完時，另一個剛好來，時間搭配完美。

3. 超級舒服的Miharashi Tei **4.** 從纜車看出去的風景。纜車蠻大的，但沒有冷氣所以稍熱 **5.** 山坡上很多可愛小店

今天在尾道玩～我們原本打算搭纜車上山，走路下山，沒想到導航帶我們去山上的纜車站，所以我們莫名其妙就走上山了哈哈哈哈。

我們一開始先被一間活版印刷店吸引，稍逛了這間小店就繼續往上爬。一直爬一直爬。突然！看到一間轉角的咖啡廳，一進去，不得了！超級美麗，外面的景色很厲害！而且有很～～～多厲害的旅遊書跟雜誌，我跟媽媽翻了好多本，一面看一面讚歎不斷說我們以後一定要去。

回程為了搭纜車，我們又再繼續往上，途中經過一間歐式餐廳，剛好有點餓，就進去吃啦！petit ânon（小驢子）也是一間景觀餐廳，我覺得很美～我點蝦子義大利麵，媽媽點咖哩，餐剛來時，我跟媽媽說我想跟她換，她說好，結果她才剝完一隻蝦子，我又想換回來了，好險沒被打～

逛完還不到4:00我跟媽媽超驚訝，感覺今天已經做了很多事怎麼還這麼早哈哈哈。所以我們決定先回飯店洗衣服，晚一點再出來吃披薩～

6. 在Miharashi Tei享用的甜點 7. 媽媽今天幫我拍很多照片
8. 好吃的披薩！黑皮黑皮！

8 / 17（五）DAY 9

Fresh Juice & Sandwich → 福山站 → 神勝寺 → 新神戶站 → 麵屋武一

告別前兩日陰雨天（但也是舒服啦），今天在尾道的最後一天是晴天，早起和諠散步看日出，然後去 **Fresh Juice & Sandwich** 吃早餐，座位可以看海，舒服透了。

等早餐店開門前，和諠去碼頭看海，看到離岸邊很近的地方有一隻活生生的水母！看著她游進游出，最後游進大海。還看到一根黑色管狀、很像海參的生物（本來不太確定，但我們愈看愈確定牠是活的）。

今早醒來時靈機一動，想說不論往神戶或神勝寺都要到福山站轉車，那麼把行李寄放在福山站，兩人輕鬆地去搭公車造訪神勝寺，回來再前往神戶，不就非常完美了嗎？一直惦著沒去的神勝寺就可以不用放棄了。（還覺得自己很聰明）

搭車到福山站後，沒能趕上一天只有少數班次的接駁車，於是改搭一般公車，Google Maps 說下車要走24分鐘。我的如意算盤是下車後大不了換計程車去神勝寺。到了才發現，根本來到很鄉下的

1. 舒服的早餐 2. 告別尾道
3. 剛下車，天氣晴朗，還不知道我們即將遭遇此行最大考驗

*住：神戶夢特埃馬納酒店·艾美麗

地方，哪來的計程車，路上連行人都沒有（笨蛋都市人思維）。而且我們晚下了一站，變成要走31分鐘。

沒想到這是惡夢的開始。走到一半，Google Maps叫我們上山，我跟諠猶豫了一會兒還是聽它的，但是上山十幾分鐘後突然沒有柏油路了，旁邊只有一大片墓園。Google Maps指示的方向是一片樹林，根本沒有正常的路。

由於下山也沒有其他方法到達，且Google Maps顯示再十幾分鐘就可以抵達目的地，跟諠對看一眼，決定往前衝，想說也許走一下就有正常的路。誰知愈往裡面愈難走，雜草叢生，到處是蜘蛛和蜘蛛網。我用傘當盾牌擋蜘蛛（還好有帶傘！），一邊跟牠們說對不起，一邊很害怕踩到蛇什麼的，心跳超快。心想我們只是來城市旅遊的觀光客，沒有預期需要入山探險啊。但我告訴自己不能害怕，我害怕諠會更害怕。

中間遇到高度及腰的荊棘，這才知道被荊棘刮到有多痛（出來發現腳踝都是傷），同時也慶幸諠穿的是長褲和T恤，她今天本來要穿短褲和背心！

這段過程膽戰心驚，中間我傳了定位點給朋友，想說萬一出事，有人知道我們的下落（回來後看衛星圖，還真的是「深」山哩）。一邊在心裡咒罵Google Maps，一邊也還是感謝，若不是Google Maps告訴我們再幾分鐘就能出去，大概會更恐慌。

最後終於回到大馬路上，有生還的感覺。看到車輛的感覺太棒了。這時才請諠回頭拍一張出口的照片。回神後我們的第一個念頭：神勝寺最好要如傳聞中那麼美！！！

結果真的美。神勝寺美得像畫布一樣。我們還進入藝術家名和晃平設計的「洸庭」體驗了30分鐘展演，禪意很深。

洸庭外看到有「植物獵人」之稱的西畠清順作品，我跟諠都嚇了一跳，那一根根像腕龍頭部的管狀物，不就是我們早上在尾道外海看到的生物！！

回程不敢錯過班次了，很早就去站牌等車。（接駁車20幾分鐘就到福山站）

到了新神戶站，又是不一樣的城市氣氛，很高級感。飯店令人滿意！可能是這整月住到最好的飯店。

晚餐帶誼好好吃了一頓。**麵屋武一**離飯店不遠，料多味美湯濃的一餐，感動得快掉淚。但吃到最後，突然覺得好累，可能鬆懈下來的關係。

我跟誼說，上次那麼累，好像是生她的時候。

神戶氣溫降了10度，有秋天的感覺。

4. 誤入荒野的母女 5. 我們從這裡出來
6. 洸庭外怪怪的植物

和女兒一起旅行的日子

今天是在廣島的最後一天，昨天晚上看了氣象說今天會變晴朗，所以決定起個大早去港口看日出！媽媽大概5:50叫我，跟我說外面天空很漂亮，所以我就使勁爬起來，但我右眼還怎麼睜都睜不開，去窗戶邊還要轉向右邊用左眼看～

隨便洗個臉、穿了長袖長褲綁了包頭就出門了，外面的天空真的很可愛，而且氣溫很舒服，路上還有老先生主動跟我們說喔嗨喲超級萌的。

早餐吃得很飽，一邊看海很愜意。吃完早餐我們回飯店睡了一會，終於醒來後，趕快整理行李出門，因為在去神戶之前，我們還要趕去神勝寺！

去神勝寺路上非常坎坷，Google Maps帶我們走到一片樹林的入口，我一開始有點害怕，媽媽問我要往前走嗎？還是回頭？我覺得回頭很可惜，而且Google Maps說再走十幾分鐘就到了，感覺不會太遠，所以我就很勇敢地說，就走吧！沒想到，我人生中的大挑戰就這麼開始了……

這條路不誇張，15分鐘我覺得好像走了一年，裡面非常多的蜘蛛網以及蜘蛛，還有一大堆刺刺的葉子打在身上，還有更刺的荊棘把媽媽的腳踝劃破了，我今天本來還想穿短褲（後果不堪設想），我們一整趟路都沒有亂叫，但心裡其實都很害怕又很累。有一度我看到黑黑的影子在我臉旁邊，結果居然是一大坨蜘蛛網跟蜘蛛黏在我頭髮上，我真的是嚇到不行……好不容易走出這魔鬼之地，我跟媽媽看起來就像是參加野外求生競賽後失敗又喪氣、生氣又疲憊的兩人。

好不容易到了神勝寺，果然超級美！！我們先去售票處，跟工作人員拿了英文地圖、問了搭車的位置跟廁所在哪哈哈哈。到了廁所覺得這裡是天堂剛剛那個工作人員阿伯是天使，一切都太美好了，對比我們的狼狽。上了廁所、擦了汗，終於可以好好參觀，但是我們只有兩小時。（回程絕對不錯過接駁車！！）

這裡面好像仙境，怎麼拍都好不真實，有重獲新生的感覺。

回程只有我們搭巴士，其他人好像都開

車來（只有我們這麼克難）。上了巴士又
覺得好幸福，好想去抱司機。

到了新神戶站，找搭計程車的地方花了
點時間，因為他們搭計程車的地方英文
寫"Rent a car"，所以我們都以為是租車
的意思～～

到了飯店，還沒進去就喜歡了！飯店所
在街區本身就美、很有氣質！飯店內也
是，而且房間大概是前兩間加起來的大
小。

在房間休息一會後，外出找吃的，很快
看到一家拉麵店，不會很貴～吃得非常
豐盛！我看到麵的時候拿著筷子跳舞還
被老闆娘笑（老闆娘感覺人好），吃得超
級飽、超級好吃。

7. 藝術家名和晃平設計的洸庭，遠看像是一艘太空船

神勝寺美得很不真實

8/18（六）DAY 10

生田神社 → 北野異人館 → Tullys cafe → J&F → Tonka Bookstore → 1003 → 鶴見風月

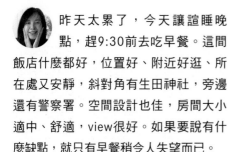

昨天太累了，今天讓誼睡晚點，趕9:30前去吃早餐。這間飯店什麼都好，位置好、附近好逛、所在處又安靜，斜對角有生田神社，旁邊還有警察署。空間設計也佳，房間大小適中、舒適，view很好。如果要說有什麼缺點，就只有早餐稍令人失望而已。

11:00左右先去生田神社走走。我很喜歡這個神社，瞬間讓人心情沉靜。在這裡看到很像《犬夜叉》動畫裡頭犬夜叉被封印的大樹。

之後走去北野異人館，一路上街景都好好看，充滿各式有設計感的小店。特別值得一提的是誼記在名單中的選品店J&F，裡頭的東西太厲害了，每個都好想買，好在我們還會待很多天，全都忍住。

中間逛到一個以Book+Art為名的小展覽空間，看了一些書，認識工作室主人，他也是剛離開出版社的獨立編輯（跟我一樣），幫東京R不動產編書，同時也會做些策展。我請他推薦書店，他熱心提供了幾個點，第一間推薦的1003正是我們接下來的目的地。

1003空間拍照很美，日本的書店都很大方讓人拍照（我都會先問）。今天完全沒搭車，都是走路，卻沒有一刻感到無聊。這裡簡直是放大版的天神區！沒想到神戶這麼美、這麼好逛，比東京還吸引人，熱鬧卻不擁擠，現代卻不冷漠，總之我和誼徹底愛上神戶。

晚餐選了一間Google推薦的餐廳，點了人氣no.1的大阪燒及炒麵，還不錯。

1. 第一站先去生田神社，天氣超級好！ 2. 往北野異人館路上，乾淨好看的街道 3. 街上行人也好看 4. 六甲牧場霜淇淋好吃！

哇今天居然已經第十天了……想哭。

在神社享受了放鬆的片刻（其實一直都很鬆），準備走去北野異人館街。一路上的店都很不得了，到了北野異人館街更是美得誇張！

最高的地方就是北野異人館本人，我們參觀了兩棟，有一棟要脫鞋，講到這個我就氣，我來日本10天只穿過兩次有破洞的襪子，結果就只有這兩天需要脫襪子！不知道要氣誰總之很氣就對了。

後來不小心看到一間小小書店，媽媽興奮地衝進去，離開之前，媽媽請策展者推薦神戶的書店，結果他推薦完開始滔滔不絕地跟媽媽互相認識，還交換臉書。這位先生應該是來日本遇到英文最好的人了。

吃完午餐我們繼續散步前往一間書店，路上經過的巷子有超超超超超超超超多非常非常美又非常非常好逛的店，我們快瘋了，一下倒抽一口氣指著右邊說「妳看！」下一秒又轉左邊吸氣說「妳看！」然後往前又是「妳看！！！！」

回到飯店真的很累腳很酸，跟媽媽一起躺在床上耍廢。後來查不到什麼便宜的餐廳，所以出去隨便亂走覓食，結果很多都是串燒（不會買+有點貴）、生魚片（怕）或很貴的神戶牛，所以覺得是不是找不到晚餐的所在了，好險媽媽找到一間很近的便宜大阪燒！

回家後我泡了香香澡，我有從台灣帶一個泡澡包去泡，舒胡～～～

5.1003書店，書的陳列也很有味道 6、7. 神戶街區美感驚人 8. 有趣的空間，好像哈比人的房子

1003書店

8 / 19 (日) DAY 11

大阪 → LVDB BOOKS → 居留守文庫 → MOTO Cafe → blackbird books → 枚方蔦屋書店 → 神戶

 因為買太多張周遊券，決定去大阪。

大阪初體驗：1）手扶梯靠右；2）很少販賣機（前幾天隨處看到的販賣機，到大阪後卻很少見到）；3）時尚度不同（神戶比較時尚）。每個城市文化都不一樣啊。

到田邊站之後，走十幾分鐘到兩間名單中的書店，結果都跟預期有些落差。不過誼在這兩間書店都拿了一些做得很好看的免費刊物。這陣子誼跟著我跑書店，也有了一些做刊物的靈感，滿好的。

兩趟下來，可能因為沒什麼收穫，又很熱，走久了腰痠，決定去北濱喝咖啡。

北濱太美了！原先以為大阪較不時尚，原來時髦的人都在這一區啊。河邊有許多咖啡館，都是可以眺望河景的美麗咖啡店，不知道是不是因為假日，每一間都要排隊。我們選擇**MOTO Cafe**，等了三十分鐘，最想點的布丁和起司蛋糕都賣完了，不過三明治和提拉米蘇也很不錯。

這裡的麻雀都不怕人，會靠近吃食物殘渣，好可愛。但是旁邊幾個韓國女生嚇

1. 北濱咖啡館有很多小麻雀，好像除了我們以外的女生都很害怕（明明很可愛呀）2. 北濱風景

得躲來躲去。

至於風景，真是無敵！想起巴黎塞納河。不過風有點大，我跟誼的頭髮都吹得像瘋子一樣，奇怪，原先坐在同樣位子的兩個日本女生看起來很優雅啊！

休息過後，要在獨立書店**blackbird books**和**枚方蔦屋書店**中選一間去，我比較想去blackbird，誼完全配合。blackbird 7:00打烊，我們趕在5:00多出發，花了三十分鐘車程，來到一個氛圍截然不同的地區。早上兩間書店所在區域大都是古民宅，街上沒什麼人，這裡感覺比較現代，卻有一種親切感，氣圍很舒服。誼說如果以後住日本，她想要住在這裡。

blackbird符合預期中的獨立書店，逛了很久，看到一些有趣的書。老闆在刷牆壁，沒怎麼理我們（也好，很自在）。後來因為逛太久不好意思，選了一本誼挑的雜誌結帳。

一離開書店，映入眼簾的是美麗夕陽，誼拍了許多天空的照片。我問誼，如果現在衝去枚方蔦屋書店（營業到11:00），會不會覺得我瘋了，她說不會。女兒沒意見，我就衝了！

枚方蔦屋比福岡蔦屋好玩得多，可能書較多的緣故。一進門看到「繩文特別展——一萬年の美の鼓動」書區，就覺得有趣極了，書及選物都好精彩。

誼給我看一本《柴犬まるのワン若心經》，搭配可愛柴犬照片談心經的書，萌得不得了。結果我們光在宗教區就逛好久，誼說怎麼這麼硬的題目，日本人都可以做出好有意思的書，我說這就是做書的能力啊。

因為要趕回神戶，沒法待太久，不到一小時就離開。可惜那面有名的書牆沒想像中壯觀，而且我找不到網路上大家拍照的角度。

晚上在臉書上看到幫我們顧狗的朋友、窩著咖啡兩位老闆，PO了我們家呆狗的照片。Energy和Rosa看起來一臉幸福。我說會不會兩隻狗根本沒感覺主人不在啊，牠們有注意到主人不一樣嗎？誼回說不定對兩隻狗來說，「我們只是提供比較簡陋生活的一組人」。

3. 風景美，但風超大 4. 諧學廣告裡的人
5. 可愛的《柴犬まるのワン若心》

 今天去大阪一日遊，坐京阪電車只要半小時。

到了大阪搭手扶梯的時候發覺大阪人靠右！我們超驚訝又覺得很怪，後來我們上網查了一下，發現只有大阪搭手扶梯是靠右，重點是，他們只有搭手扶梯靠右其他時候還是靠左。（這太混亂了吧！！）

路上走路時，感覺這個站很安靜，我們在巷子講話還用氣音，只是今天真的超級熱（好沒連貫性的句子）。到了書店門口，遠方前面有一個小小孩很大聲地跟我們說Hello還揮手，超級萌的！

如果不是因為太熱，其實散步很舒服，很多樹跟植物，建築也好看。大熱天跑了兩家書店後，實在是太累又熱，一定要找地方休息，導航一間我的口袋名單Moto coffee，在北濱。

到了北濱看到河就興奮起來！這裡感覺又跟剛剛很不一樣。沿著河岸終於到了咖啡館，結果超多人在外面坐著排隊，我跟媽媽也排了順便休息。我們前面有一組母女，女兒是大概2歲的小北鼻，超級好笑又萌，我有偷拍她們～

休息完又要去下一家書店啦！搭搭搭到了blackbird books的站，一路上覺得這區好舒適、好適合久住。（超多烏鴉）

傍晚了以為我們要回神戶了對吧，錯！我們要趕去在完全反方向的蔦屋書店，這間蔦屋有一面大書牆，媽媽一直很想去。搭了50幾分鐘的車到了枚方站，蔦屋就在旁邊，晚上看也好美。（很大一間）

後來因為時間不夠，逛一小時就要回去搭車，結帳的小哥很可愛很高又很靦腆。（這也要記）

回程車上坐我旁邊的一家人（爸媽跟小男孩）要下車的時候，小男孩重心不穩差點撞到我（但沒有），爸爸媽媽很禮貌地笑笑跟我說ㄇㄇㄟ拿賽～我也笑笑的點頭說it's ok，然後小男孩也轉過來笑得很萌地盯著我，一邊下車爸爸還繼續笑著跟我點頭，我真的要被這一家人暖死ㄌ！

回到家10:30我才吃下午買的三明治當晚餐，吃完我開始練舞（系學會要表演），然後請媽媽幫我錄，快要累死了，所以這天晚上睡得很好～～～

6. blackbird是一間社區型書店 7. 在blackbird買到的雜誌
8. 從blackbird出來發現天空超級美！

8 / 20 (-) DAY 12

ナポリの窯・ストロベリーコーンズ 神戶中央店 → FREUNDLIEB 生田店

中午才出門，去吃教堂咖啡館旁邊的窯烤披薩，好吃，但有點貴。（發生一個小插曲，醬包打開時噴到誼的衣服）

我一直很喜歡教堂改建的空間，因此到神戶來，除了書店之外，最想去的地方就是教堂咖啡館。不過實地到訪後，覺得來過一次就可以了，空間美，但蛋糕普通而且不便宜。

之後搭公車（第一次在神戶搭公車！跟在博多不太一樣）前往**Storage Bookstore**，這間書店是前兩天認識的日本朋友推薦。Storage Bookstore果然很不錯！喜歡。離開書店到附近散步，有很多氣質服飾店，也有許多氣派大樓，整體環境非常舒適，書店能開在這裡真是太幸福了。

然後到元町商店街逛，覺得還好，決定再往北野異人館走去。中間覺得很累（連續旅行還是頗耗體力），去一間店吃冰休息。

晚上天空開始有點陰，天氣預告有兩個颱風形成，可能我們移動到京都那兩天會下雨（希望不會）。不過天空還是很漂亮。

在Family Mart買了泡麵回旅館當晚餐，邊吃邊看《Running Man》。

1. 被我噴到醬汁前的披薩 2. 教堂咖啡館外觀 3. 教堂咖啡館美麗的內部空間 4. 覺得杯墊可愛

→ Storage Bookstore → 元町商店街

 P.S.今天回飯店太累了所以整篇日記用語音唸，結果出來了很多很好笑的字，我決定把它保留，在後面括號寫上正確的哈哈哈～

今天睡到很晚，中午出發去教堂咖啡館附近的姚烤（窯烤）披薩店，到的時候已經下午快兩點了，所以只有我們。這間店很小只有四個座位，我們點了一個清將氣死披薩（青醬起司披薩）、一份小炸雞跟小組調（小薯條）。

吃完Pizza噢不對不對（這一整串就是無意義哈哈哈）中間媽媽想要灑胡椒粉，結果沒有注意到那是辣椒醬，打開的時候辣椒醬就亂噴，噴了一點到我的衣服上！（還好手忙腳亂清乾淨了）

教堂咖啡館果然超級漂亮！天花板很高，我原本很怕會有很多恐怖的貴婦，結果也是有普通人啦！

接著今天我們搭公車前往有名的元町商店街，快到公車站牌時，看到公車正在進站我們就用跑的，司機人好好在站牌等我們，但我們一上車發現找不到可以嗶卡的機器，媽媽就去前面問4G卡的是（問司機卡的事），司機人很好跟我們解釋下車刷就好，後來我們在研究到底現在在哪一站因為搞不清楚，結果在忙一整（某一站）我們不確定要不要下車，就有一味太太（一位太太）轉過來只只只只只只（這6個只都沒意義）嘿塞華攪（比手畫腳）跟我們說這是最後一站了，我們就匆匆忙忙地下車哈哈～

逛了媽咪喜歡的書店之後，我們又走到北野異人館街，然後決定今天要走跟上一次不一樣的路，所以我自作聰明地轉了幾個彎，結果發現回到他媽算了（大馬路上了啦哈哈哈哈哈哈），我覺得很抱歉，好在媽媽原諒我，而且我們也有點累了，所以就在7-11買了兩碗泡麵決定回家一邊吃一邊看《Running Man》。呃哦誒（無意義）今天雖然是陰天，但傍晚還是有美麗的夕陽。

今天買的兩碗泡麵跟上一次比起來都算是成功，媽媽也沒有吃成我的，她買的也沒有臭腳味，讚！

隱身在美麗住宅區裡的獨立書店：
Storage Bookstore

記了好幾間在神戶的書店，結果最喜歡的不在原本名單中，而是旅行中新認識的朋友推薦的——Storage Bookstore。

我想我是個很容易環境氛圍影響的人，這傾向也反映在偏好的書店上。來到神戶的兩三天，這座新邂逅的城市已完全擄獲我和誼的心，成為目前日本最喜歡的城市。因此在往書店走去的路上，我已經在享受了，天好藍，心情很興奮。

一進門就望見那扇透著自然光的窗，窗外樹影搖曳，有種放鬆又溫暖

的氣息。靠窗位置有個白色石牆吧台,一位像是熟客的女士在和店主聊天,我好羨慕她的座位,看起來好愜意。

Storage Bookstore是一間以藝術和設計書為主的書店,幾個特別陳列的書架都有店主親手寫上的介紹文。不過,最吸引我注意的是一整面獨立小誌(ZINE),展示著各式各樣獨特有趣的刊物。它們在空間有限的書店中佔據這麼大面積,令我好奇,因為獨立小誌的收益比一般書籍更低。

後來才知,Storage Bookstore是這棟復古大樓中,同一個團隊經營的幾個複合式空間之一。2樓有書店和圖書館酒吧SHOKO BAR,3樓是藝廊,4樓是共享辦公室。他們的宗旨是「藉由與不同事物的相遇來創

造新的價值」。

因此我也忽然明白了,為何書店會留給獨立誌那麼大的空間,因為,獨立誌或許不會帶來利潤,但會帶來「人」。某些獨立誌可能只有這裡看得到,如果你關注特定創作者,一定會不時來此追他的作品。如果想要尋找一些主流以外的品味,獨立書店也為此保留了可能性。

位於市中心、容易到達的優美書店，有著非常豪氣的企圖心：「如果你來到這裡，意想不到的相遇將會誕生。我想把它變成這樣的地方。」

地址：兵庫縣神戶市中央區三宮町1-16三星大廈　交通：阪神三宮站步行10分鐘、元町站步行3分鐘
官網：storage-kobe.com

8 / 21 (二) DAY 13

道頓堀 → STANDARD BOOKSTORE → WEGO
→ BBQ nakanoshima open terrace → Folk old book store

1. 跟固力果人合照
2. 道頓崛好熱鬧,旁邊還有女學生在跳舞

前兩天剛從大阪回到神戶,晚上就收到台中朋友的訊息,推薦一間位在大阪的書店。非常心動,可是我們才剛離開大阪!幾經掙扎後,決定今天再去一次。（捨棄了去寶塚手塚治虫紀念館）

然後記取上回沒帶耳機的痛苦經驗,今天帶了耳機也帶了書。早上天氣好,心情也好。順利抵達大阪難波站,前往第一間書店中間經過道頓堀,好熱鬧,決定逛完書店要來這兒晃晃!

讓我們三天內第二次來大阪的原因就是它:**STANDARD BOOKSTORE**。這間位在地下室的書店像個寶庫,我們光在門口的旅遊書區就停留好久。逛完書店還可上一樓逛衣服,**WEGO**是間古著店,價格平易近人。

道頓堀路上人超級多,我們也感染了遊客的歡樂心情。散步到巷子裡覓食,想說換個口味吃點不一樣的（這趟旅行我們幾乎每餐都儘可能吃不一樣的食物）,找到一間小酒館,結果很成功,食物美味,店的氣氛也好。真的佩服日本,吃

→MOUNT → BBQ nakanoshima open terrace 戶外區

東西踩到地雷的機率相當低。

午餐出來後，人又更多了，果然是熱門觀光景點，我們就這樣「跟著書店去旅行」，意外來到好多好玩的地方。

接著去第二間書店，就有點波折了，從地鐵站出來後下起大雨，鞋子溼透，然後走好久。雖然下雨但並沒有比較涼爽，又熱又黏，不舒服，好累。途中經過北濱那些靠河岸的咖啡館，想著等等要來選一間喝咖啡休息。

到了**Folk old book store**，店裡正在拍攝採訪，店主招呼我們去地下室，原來主要的書都在地下室。雖然亂亂的，但感覺是有生命力的書店，有很多有趣的物品和書，好多漫畫！一樓靠窗位子看起來也舒服，希望以後還有機會再來。

離開書店後雨停了，天空又變得十分美麗。今天選擇的咖啡館是**MOUNT**，是一間兼賣服飾的複合式咖啡館。在這裡看到彩虹！拍了好多照片，其間還有魚躍出水面。

但MOUNT只營業到6:00，於是我們離開

3. 包裝上的人好像韓國藝人李光洙
4. Folk old book store亂中有趣

到河的對岸，坐在岸邊階梯上看風景。可能因為颱風將近，天空多彩艷麗，誼還看到在神勝寺看到的「神鳥」（不知道名字）。我提議移去坐在更靠近岸邊的沙發區，跟旁邊小餐館**BBQ nakanoshima open terrace**點小東西來吃，順便等看夕陽。

這決定太正確了，雖然沒看到夕陽（方向不對），但整個天空從粉紅變成火紅，而且大阪的天空也好遼闊，我跟誼拍個不停。今天的大阪行比前次更好玩。

晚上回飯店本想洗衣服，三個自助洗衣筒都有人使用，決定忍一天，到京都再好好洗，到時飯店房間裡就有洗衣機了。

有兩個颱風接近中，考慮先把行李寄到京都飯店，然後明早去郵局把這趟買的書先寄回台北。

5. 這次來北濱風景又不太一樣，河上倒影好美
6. 彩虹出現了兩次 7. 颱風前夕的雲彩

今天一出站就覺得很繁華很熱鬧,而且天氣好,天空很漂亮。我們走一走才發現,這裡很像之前《Running Man》劉在錫他們出任務來大阪玩的地方(竟然是這樣的記憶),再走一走才發現原來這裡就是道頓堀!(好沒常識也沒做功課的我們)

媽媽要去的書店在B1,結果才從手扶梯下來,我跟媽媽就被好多有趣的雜誌吸引。(媽媽在逛的時候,我突然想大便,就自己去問店員廁所在哪裡,結果還要到旁邊去搭電梯到2樓,我很獨立吧)逛了很久很久,最後媽媽買了兩本書,其中一本洛杉磯的旅遊書是我挑到的。

逛完書店後,我跟媽媽去樓上古著店,原本怕媽媽會覺得無聊,結果媽媽也逛得很開心。

要去下一間書店之前我們想說先在附近散步到處看看,只是我覺得這區是來日本以後覺得最長的一區,雖然很熱鬧也挺好玩但就是人太多太擁擠了,所以我們逛完一條商店街就決定前往下一家書店。沒想到一出地鐵站,居然下大雨了,一定是媽媽烏鴉嘴。

今天天氣變來變去,到咖啡館休息時雨已停,而且還出現藍天,所以我們又到咖啡館陽台去拍了幾張照片,拍到一半的時候突然出現彩虹!原本淡淡的後來愈來愈亮還出現霓虹,覺得有點小幸運。消失之後又出現了一次唷!

媽媽預知因為颱風快來了今天的夕陽應該會很美,所以我們決定去找個河岸邊的地方坐著等一下看看天空的變化,結果結果突然看到之前在神勝寺看到的神鳥,而且牠居然就停在我們剛剛待的咖啡館陽台上!如果那時我們還在那裡應該會看得很清楚。我錄了一段很長的影片,發現這隻鳥真的很大一隻!

我們看著天空從金黃色變成超級粉紅色,我跟媽媽大概拍了100張照片,後來決定就在河岸邊的露天餐廳吃飯,超級舒服的!(雖然我們在喝下午茶的時候本來決定不吃晚餐的說)

不賣暢銷書的愛書人寶庫：
STANDARD BOOKSTORE

走去書店的路上非常熱鬧，心情很好。推薦這間書店的朋友說，在地人認為STANDARD BOOKSTORE比蔦屋書店更好逛！（真的嗎？）抱著興奮好奇的心情為了它專程再來一次大阪。

不知道應不應該拿它跟蔦屋相比，但是我跟誼一進門就被吸住了，在靠近門口的旅遊書區待好久，無法往裡面前進。這間書店給我的第一印象是「感覺有很多寶可以挖」，充滿讓人探索的魅力。

比起一般獨立書店，它大得許多，算是一間中型書店，並且不是像

MINOU那樣一塵不染的整潔風格，它和另一間我們稍後會去的Folk old book store有點類似，都是稍微隨性的、雜亂的、卻讓人感覺非常有趣的類型。（這是不是大阪風格呢）

有時覺得，書店不一定要非常整齊，重點是豐富有趣和有個性。Standard正是這樣的代表，個性鮮明。我們在每一區都逛非常久，看到好多在其他地方沒見過的繪本、攝影集、雜誌、漫畫……（書店裡也有咖啡館和大量雜貨）

逛書店的時候，我很喜歡去讀「書的陳列」，為什麼把這些書放在一起？選書的人想表達什麼？因為書本身就是訊息，只有書店能展現這種豐富和深度。

這種觀看總是令我著迷。因此，回來後有朋友困惑地問我，看不懂日文，逛書店要看什麼？還去了一個月！我覺得很多東西可以看，書店是非常有趣的地方，它是和未知相遇的入口，也是創意、設計、人味展現的場域。

我們當時造訪的心齋橋店於隔年（2019）因租約到期結束營業，不過很快地，2020年已在新據點重新開幕。成立之初以「不賣暢銷書的書店」為口號的STANDARD BOOKSTORE，應該會繼續為讀者帶來更多有趣的視野。

新址：大阪市天王寺区堀越町8-16　交通：天王寺站步行6分鐘　官網：standardbook.thebase.in

8 / 22 (三) DAY 14

神戶市立須磨海浜水族園

早上要處理一些事：寄書回台北、寄行李到京都飯店，因此昨晚沒辦法睡得安穩。5:00多醒來，睜開眼睛看到窗外，天空微亮非常美麗，起床叫誼看，拍了幾張照片後回去要再睡已睡不著。

撐到6:40起床，開始收拾書及行李，9:00前把書拿下去，先吃飯店早餐，然後走路去郵局。Google Maps說是7分鐘，但因為太陽很大，我們又抱著很重的書，感覺路好遙遠。

結果郵局就在往北野異人館的路上。郵局的人很好，幫我們衡量用什麼尺寸的箱子比較划算，沒給我們最大的，給次大的，塞得剛剛好！（我太厲害了）昨天在古著店新買的衣服也裝進去了，包括一些小禮物。沒看錯的話，這箱有10公斤！

書寄出後感覺輕鬆不少，回飯店整理行李，只留下今晚要用的衣物。行李交給飯店，兩個行李箱要填兩張單子。飯店人員問我們要不要買遮雨袋（真貼心）。我一再檢查地址有沒有寫錯，有些不安。這趟旅行體驗了很多第一次。

行李也處理好之後，往今天的重點行程**神戶市立須磨海浜水族園**出發！這趟旅行大都以我的行程為主，難得今天是誼想去的地方。

交通還蠻順利的，公車直接停在水族館門口。但意外的是，人超級多！全都是家長帶著小孩，今天不是上班上學日嗎？

在本館看到各式各樣奇妙的生物，很有趣，在這裡花了最多時間。接著去看海獺（重點！），海獺比我們想像中動作迅速，好難拍！但還是有拍到兩三張可愛的畫面，真是很療癒的生物。

然後去2樓餐廳吃飯，因為其他地方都是戶外，太熱了！今天真的熱死人。排隊時吃了一支霜淇淋。（我這趟旅行到底吃了幾支霜淇淋）

4:00多回到飯店，兩人睡了舒服的一覺，7:00出去吃晚餐，吃完去超市買水蜜桃回家。

晚上看半集《Running Man》，好好笑。

1. 企鵝的叫聲很像人，擠著要吃東西的樣子也很好笑
2. 我的好朋友海獺

今天第一次去日本的郵局～我們所有的東西被媽媽完美地塞到紙箱裡，沒有一點縫隙（她很得意）。回到飯店事情都處理好之後，就剩下今天最重要的行程了！就是去須磨水族館見我的好朋友海獺！

一進到裡面先是一個大魚缸，裡面有好多好酷的魚！繼續往裡面走，又是更多好怪的魚。接著我們頂著大太陽前往海獺館，剛進去的時候沒什麼人，後來突然大爆滿。我發現海獺游泳游得好快！超級難拍哈哈哈，但真的超～～～級可愛，表情很呆～

吃完飯去看企鵝，剛好看到牠們在等著被餵食，而且我們站得離牠們很近！後來好像差不多都看完了，而且天氣真的太太太熱，所以我們決定回去休息，我還在地鐵上度估。

原本決定回來寫日記，結果我直接睡爆，起床後去吃第一天到神戶時吃的濃稠雞拉麵，還是很好吃，然後陪媽媽去超市。路上遇到一群公司職員聚餐完的樣子，覺得好像在看日劇喔！

8 / 23 (四) DAY 15

新神戶站 → 京都站　*住：京都兩替町通東急 Stay 飯店

1. 京都這間飯店外觀就很有設計感 2. 進入大廳之前
3. 旅館內部也很寬敞

早上天氣很好，一點感覺不出有颱風正在接近。原本還想計劃早上去哪兒玩（因為JR車票是下午2:30），後來看電視氣象播報，再看網站上JR官網說下午4:00以後可能取消車次，覺得有點不妙，決定提早退房出發去京都。

然後靈機一動，官網上說因為颱風可以退票，想說是不是可以去退票，用周遊券搭地鐵去京都，省一筆錢。（又覺得自己很聰明）

結果確實走去JR站辦了退票，但一張票要收900日圓佣金，沒想太多就答應了，拿回5900元，然後用周遊券搭一站去新神戶。但搭車到新神戶站要轉車時才發現，從新神戶到京都還是得搭新幹線，仍是JR系統，所以還是得買票。重新買票又花了7700元，還沒有在一起的座位，而且浪費了一天的周遊券（只是搭一站短程，用IC卡就好）。覺得非常懊惱，心情很差，心裡盤算著這一來一回的損失，浪費了多少錢……

還好有誼，她一直提醒我不要再想了，搞不好這次經驗是讓我們避免下次更大的損失！真是正面的孩子。

（這趟每次我自以為聰明總是失敗）

新幹線很快，半小時就到京都，在車上聽音樂看書很舒服，可惜時間太短。

到京都後放心許多，聽誼建議先把背包放到寄物箱，好整以暇地去吃午餐。吃完到處逛逛，只是心裡還是不踏實，擔心颱風對地鐵的影響，而且京都站好大，總覺得我們會找不到置物箱的位置（我對自己沒信心）。總之買了晚餐和水果，拿了背包，就前往飯店。

一定要說，我太喜歡這間飯店！外觀就很有設計感，一進去，櫃台人員詳細的說明也很貼心，告知兩個行李箱已在房間（終於放下心，我有行李遺失恐懼症），然後雖然還不到3:30已可check in。

飯店一樓還有24小時咖啡提供，免費備品自己拿取。接待人員還給我們洗衣

粉！（當初選這間飯店有個很大的誘因是房間裡就有洗衣機）進房間第一件事當然就是洗衣服！累積了兩大袋的臭衣服終於可以大洗特洗了。除了洗烘衣機，還有烤箱，還有燙衣板！然後水壺是BALMUDA的！

下午看看書睡了午覺，誼也跟著睡。醒來時還看得到一點陽光和藍天，實在不像有颱風哩。

頭有點痛，不知是否因為冷氣開太冷（剛進來很熱）。吃點東西後，把昨晚沒看完的《Running Man》看完。洗頭洗澡後心情大好，頭也不痛了。可以來計劃旅行的下半場！

4. 喜歡這種簡單清爽的風格

8/24（五）DAY 16

HIRAETH → 誠光社 → 京都御苑 → CAVA BOOKS → カフェ・響き館

京都這間飯店早餐竟然跟神戶的幾乎一樣！也是不用每天都買飯店早餐……不過飯店提供的東西真的好多好貼心，洗面乳、潤膚乳、牙膏、刮鬍刀、梳子、綁頭髮的圈圈……應有盡有。還有泡澡包！我跟誼各自選了喜歡的泡澡包，準備晚上來用。

今天最挫折的是早上找公車站牌的時候，根據Google Maps的指引怎麼也找不著。明明到**誠光社**只要20分鐘，我們找公車站牌大概找了一小時。天氣又熱又溼，很不舒服。上網才知道很多人都在京都遇過同樣問題。後來搭一站地鐵，決定用走的，不換公車了（還是找不到）。結果走路是對的，一路上並不無聊，逛到很漂亮的小店**HIRAETH**，裡頭的文具紙製品都好看得不得了。還在一間很便宜的小餐館吃了午飯。

然後才終於到了今日第一個行程：誠光社。誠光社店主崛部篤史是**惠文社一乘寺**店前店長，他離開待了11年的惠文社之後，於2015年另成立了誠光社。之前讀過他在惠文社時期出版的《改變街區的

1、2. 路上風景

獨立小店》，這本書給予當時還在雜誌社擔任總編輯的我許多啟發，今天來誠光社是帶著朝聖的心情。

沒想到結帳的時候，站在櫃台的是崛部篤史本人！我買了一件T恤，跟崛部篤史結帳有點緊張，他用英文跟我說明T恤上的文字，但我和誼都聽不懂（昏）。回來查資料，他應該是在說明日本的傳統舞蹈（T恤上的圖案）。

第二站走路到京都御苑的**母と子の森**，森林裡的繪本屋。可惜這天繪本屋沒有開，可能因為颱風的關係。但是我們在這裡拍了很多照片，樹林非常美，偶有陽光照射，還有大烏鴉飛過，誼很開心。

然後走到出町座，一樓有間CAVA BOOKS（我們的目的地）和咖啡館，樓上是獨立電影院。我們到的時候有好多人，是個有趣的地方，但外來客沒辦法放鬆久待。

最後終於找對公車站，前往**カフェ・響き館**。這段公車路線非常舒服，43號公車沿著鴨川行駛，風景美不勝收。我跟誼都在車上錄了一小段影片，看起來好像日劇片尾曲會播放的畫面。如果每天走這樣的路線上學上班，心情一定會很好吧。（當地人習慣了可能沒感覺，我們可是非常羨慕）

離開カフェ・響き館後，散步到地鐵站。如果天氣不是那麼熱，以及我的腰爭氣一點的話，在京都散步其實很舒服。回到烏丸御池站，在站內買了麵包和三明治當晚餐，快樂地回飯店。今天的行程太棒了。

3. 可愛的雜貨店 4. 森林裡的親子繪本屋,可惜沒開
5. 京都御苑好美,我和這都很喜歡

今天第一站是誠光社,導航說可以搭公車去,只是我們跟著 Google Maps卻怎麼走都找不到正確的站牌,而且天氣陰晴不定,一下下雨、一下大太陽、一下風很大然後又很悶熱,所以找站牌的20分鐘頭有點昏～後來實在是找不到可以不用換車的那一班站牌,我們決定搭地鐵到某一站再換公車,成功上車也到了要換的站,結果又找不到站牌了……最後決定走路過去!一開始就遇到一條小溪,還經過了一間好～～～可愛的雜貨店!

第二站要去森林裡的圖書館,走路就可以到了～原本要進入這個樹林我跟媽媽都有一點卻步(有陰影),但鼓起勇氣進去後覺得十分美麗!而且這裡面有很多烏鴉,我覺得好有趣!

接著要走去搭公車前往今天的最後一站,我們照著地圖走,又覺得它標的站牌位置很怪,所以我決定自己推理看看正確的位置,居然真的被我給找到了!下車後,來到一間繪本咖啡館,沒想

到！今天又要脫鞋子！！！然後我今天
又穿破掉的黑襪子，真的是百發百中，
我穿破襪子沒有一天是可以不用脫鞋子
的，太誇張了～

好啦這個不重要，重要的是這裡超級溫
馨！而且只有我們兩個，很舒服，裡面
是木地板，然後有很多繪本，好像拜訪
某個人家。我讀了好多好多繪本，全部
都好美，真希望我看得懂。

離開後，我們散步到地鐵站直接搭烏丸
線回飯店，路上又經過很美的地方、看
到很美的天空～回飯店一邊吃晚餐一邊
看韓劇～然後還泡了澡（用今天拿的入浴
劑，幸湖）！

6. 出町座樓上是電影院 7. 一樓書店CAVA BOOKS內部

街區裡的光：誠光社

喜歡惠文社一乘寺店的朋友，初來乍到誠光社可能會有些訝異，因為這間店跟惠文社感覺完全不同。在惠文社擔任店長11年期間，讓惠文社成為國際知名的京都代表書店，我們以為獨立出來自立門戶的崛部篤史，會給我們另一間惠文社。

然而我們搞錯了──應該說是我搞錯了，對書店價值及目的一直都有明確觀點的崛部篤史，是賦予書店靈魂的人，並不依附書店而生。他要創造的不是又一間名氣大的書店，而是更貼近他心目中真正的書店──更以為書核心的書店。誠光社空間設計現代明亮，和惠文社的

古典溫潤氣質大不相同，然而店內書籍所具有的獨特性及魅力，精神始終如一。

進入誠光社的第一眼，立刻感覺一種氣勢，每本書彷彿都帶著自信，精神飽滿地立在書架上，深知自己的價值。不同於我們在許多別處看到過的，身上沾染灰塵、歪斜尷尬的書，自身訊息無法傳達，整個書櫃或空間也不懂它為何在此。只是「放書」，並不能稱之為書店。

誠光社並沒有對書進行分類，但直到離開前我都沒有意識到這件事，因為每本書都引起我的好奇，連帶著，它旁邊的書、更旁邊的書，引導我一本一本讀下去。這就是獨立書店的魅力，每一本書都能好好發聲，都有它存在的理由。

我喜歡觀察一間書店最明顯的位置放的是什麼書，因為那大概就說明了這間書店的調性（重視什麼）。我們造訪那一天，最靠近入口處的書櫃竟然全是漫畫，而且是一整櫃品味獨特的漫畫，真的非常有個性。

除了書店本身的專業以外，崛部篤史最特別的地方還在於他對於街區的關心與深耕。他曾說過書店有點像是街區的「中間人」，必須要經常走出去了解街坊的大小事。因此，來到誠光社，你會同時認識旁邊的咖啡館、附近的澡堂、新開的麵包店……並且了解這些可愛的店家背後的故事。

「書店是街區裡的光。」能夠住在有書店的街區裡，真的好幸福。

地址：京都市左京 上高野白川通り宝ヶ池西入ルすぐ　交通：烏丸線國際會館站走6分鐘
官網：http://hibikikan.com/

沿著鴨川行駛的公車好像日劇裡的畫面

溫柔寧靜的繪本博物館：カフェ・響き館

沿著鴨川行駛的公車，載著我們來到如童話般的地方。カフェ・響き館是一間秘境書店（正確來說是繪本圖書館或繪本咖啡館），外頭被植物包覆，裡頭則像是住家客廳，還有一架鋼琴。室內擺滿主人珍藏的繪本，全都整整齊齊，每一本都有主人親手寫下的說明。其中只有一小部分新書可供販售（不能帶到座位上閱讀）。

這天下午，我們點了一杯熱茶和一杯冰茶，全都好香。誼的冰茶有沙士味，我的熱茶有巧克力味，糖是自製的，起士蛋糕也很清爽，又是一個大小細節都很用心的地方。老闆英文也很好。

當天下午客人只有我跟誼，我們翻閱的繪本超過三十本，不斷讚歎，非常享受。

カフェ・響き館禁止兒童入內，它的概念是「大人們可以安靜地欣賞繪本的地方」。不論你是喜歡繪本，或只是單純想靜靜地喝茶和獨處，它都很適合你。

回台灣後，回想這趟旅程，除了單點記憶之外，如果要我推薦某一天的路線，我第一個想到的便是從誠光社到京都御苑、然後沿著鴨川來到カフェ・響き館的這一日。一整天洋溢著迷醉的心情，幸福感滿分。

店主多年前造訪座落在美麗森林裡的安曇野繪本館和繪本美術館清里，深受啟發，認為那兩棟建築都提供了「只有在那裡才能找到的特殊時光」。2010年抱持著創造一間美好繪本館的心意，成立了カフェ・響き館。我們很幸運，曾經獨享那特殊時光一整個下午。

遺憾地，カフェ・響き館目前長期休館中。但它的IG仍不時更新，也仍會舉辦期間限定活動。期待那隱藏在綠蔭中的古典洋房大門再度開啟，為來自各地的繪本愛好者覓得更多知音。

地址：京都市上京区中町通丸太町上ル俵屋町437　交通：宮丸太町站走4分鐘　官網：seikosha-books.com

8 / 25 (六) DAY 17

岡崎蔦屋書店 → nowaki → 未未未座 三条大橋店
→ 立誠小學圖書館 → 京都 Book & Bed → Revolution books

 今天被京都公車整慘了。（再次！）

第一站是**京都岡崎蔦屋書店**，原本在旅館已先看好了搭公車的地點，結果走到站牌說是下一班要等超過半小時。於是我們重新Google，看有沒有其他建議——然後京都公車就是這麼討厭，不同公車的站牌位置都不同。不知是否我們方向感太差理解錯誤，總之一直找不到正確站牌。在大熱天底下研究網站上的解說真的很折騰，最後決定算了，回原來那個要等半小時的站牌。

但是上車後，它並沒有按手機上顯示的路線，站名對不起來。於是我們在某個站下車，再Google，發現只要再10分鐘車程就會到。但等我們上一輛新的公車，明明路線、行經方面都沒錯，卻又被帶得更遠。反正，好像搭了四次公車才終於到達。最後感謝一位好心的小哥，我拿手機上的站名問他在該站牌等是否正確，他用手機幫忙搜尋，又去問停在站前的公車司機，滿頭大汗幫我們研究，後來確定在對面。

1. 旅館附近的街道如此美麗 2. 蔦屋書店附近開闊的風景
3. 改建自舊京都會館的ROHM Theatre Kyoto，蔦屋書店就在裡面

早上走的路線雖然沒有搭到正確的車，但一路上非常美麗，看到幾間明天可以造訪的店（我們的飯店位置真的很好）。

中間去的幾個地方，要不店裡書不多，要不沒營業，總之都沒有待很久，最後走到**Book & Bed**，終於有個可以坐下來休息的地方。店員小姐看起來酷酷的，其實親切可愛，還主動幫我跟諠拍照。祇園這間Book & Bed窗外視野很好，非常舒服。今天總算有一間是成功的。

可能週末關係，祇園附近好多人穿和服，好好看。但是有兩個女生走路搖搖晃晃氣質不佳，諠說好像昨天就穿著和服喝酒，今天還沒醒來。

早上被公車耍得團團轉時還有個插曲，路上有兩輛自行車相撞，應該是女生的錯，不過她自己跌得很嚴重，男的看起來還好。但這位大叔兇得不得了，不停大罵那個女生，女生從頭到尾都沒說話。然後我們在馬路上來回奔波時，他們一直停留在原地，我想說該不會是要等警察來，可又覺得不會吧，有這麼嚴重嗎？

4. 天很熱但不知為何風超大，變得很瘋狂的諠的頭髮
5. 路上行經的美麗神社 6. 立誠小學圖書館也是行程之一

結果真的是！我的老天，沒看過這麼小心眼的男人！對方是個小女生，而且摔得比他嚴重，他沒關心對方受傷，帶她去醫院，還要人家在大太陽底下曝曬，不能離開現場，還叫警察來！（警察有更重要的事要忙！）

我跟誼罵了好久，對比後來人很好的小哥，真是什麼人都有。

早上一樣在飯店吃早餐，我覺得這間飯店的吐司跟奶油特好吃～好，在飯店做什麼不重要，總之我們出門了，今天有7個點要去，幾乎都在鴨川附近，離我們飯店不遠，搭公車幾站就到了！

但～～～是～～～呢～～～從昨天開始就發覺京都的公車站真的不是一般複雜，今天更是深深深深深體會到了。光是一個烏丸御池站就有ABCDEFG分佈在不同地方的站牌，所以要先看我們要搭哪一號車，然後看它是在ABCDEFF哪一個站牌（都隔很遠，不是過個馬路這樣），如果幸運找到了（那真的很幸運），

還要看清楚行徑路線，因為就算是對的站牌對的號碼，上了車也不一定會到你要到的地方（對今天的我們來說是不可能會到）。然後有一號公車很過分，居然還再給我分甲乙！今天早上跟媽媽大概來來回回在差不多的地方換了5、6趟車，最後是問一位人超好的青年才搭對車。

不過還是要說，找站牌跟搭錯車的確讓我們多看到了很多美麗風景～

中午很餓的我們（可能只有我），去河邊的一間美式餐廳吃午餐。媽媽點的餐薯條很多，我原本想說我是不是該點媽媽那個才對，後來發現媽媽的漢堡裡面很多怪怪的菜，我就覺得我還是點對了，因為我的漢堡肉超級超級好吃，而且還可以吃媽媽的薯條。

晚餐在鴨川附近的餐廳吃，風景很美，可是因為沒注意到價錢想要點很多被媽媽罵了……

愜意的充電休憩站：京都 Book & Bed

這次旅行造訪了兩間Book & Bed都很滿意。尤其京都這間，位置非常好，就在祇園，搭京阪電車到祇園四条站，出口即到。

雖然我無法住青年旅館（睡眠品質不好），但是一直嚮往住在書本環繞的空間，Book & Bed是這個美好想像的具體實踐。

探訪京都Book & Bed當天，心情和雙腿都已非常疲累，能夠在這樣的時刻被一個由書本構築的溫暖空間接納，真的無比幸福。京都Book & Bed有個啤酒吧，提供京都當地啤酒，是一大特色。我不喝酒沒特別注意，但網路上許多旅人盛讚。想像在炎熱夏天裡走累了，坐上電梯進入Book & Bed，挑本好書，望向窗外祇園景緻，手拿一杯冰涼啤

酒，確實是誘人的畫面。

Book & Bed官網寫著，「我們沒有鬆軟的床墊，也沒有輕盈的羽絨被，這裡不是高級旅館，沒有最舒適的住宿條件，但是，你在這裡可以一直讀書，不知不覺就到凌晨2:00。……抱著心愛的書沉沉地睡去，這是你我都曾體會過的，最幸福的睡眠時刻。所以，這裡是一間書店，也是一間旅館。（啊，不過事先說明，這個書店可不賣書哦）有的人會看著電影不知不覺沉沉睡去，有的人會和朋友用LINE聊天，聊著聊著逐漸進入夢鄉。做著自己喜歡的事進入夢鄉，是不是人生最棒的瞬間？我們是以書店為主的旅館，努力提供您如此幸福的入睡體驗。」

希望以後還有機會去拜訪其他間Book & Bed！

地址：京都市東山區中之町西入200鴨川大樓9F　**交通**：祇園四條站7號出口步行1分
官網：bookandbedtokyo.com

京都 Book & Bed 窗外景色

8／26 (日) DAY 18

伊右衛門サロン アトリエ → 西陣 糸屋 → 天満宮

今天去旅館附近的**伊右衛門サロン アトリエ**吃早餐，氣氛很好，東西也好吃。但地上和椅子有點髒，令我們驚訝，日本人不是很注重細節的嗎，尤其是這種名店。

因為獨角獸計畫認識的網友Pawky，是嫁到日本的台灣女生，和先生在京都經營民宿**西陣 糸屋**，邀請我們去作客，決定今天造訪。西陣 糸屋靠近天滿宮，一進去就很喜歡，有很多書，氣氛很好。原來Pawky之前在誠品工作過！她說在京都唯一的遺憾是買不到中文書，最開心從台灣來的朋友帶書給她。

離開前Pawky給了公車地圖，幫助很大。

今天上半場全是名寺之旅：天滿宮→金閣寺→龍安寺→仁和寺。這些寺廟各有各的美，非常驚人。我和誼都很喜歡日本的寺廟，有一種乾淨、大氣的美。兩人拍了超多照片，誼還說自己是捕捉美的專家！媽媽不敢聽。

站牌前有一間叫**衣笠**的店，一定要提一下，裡頭的東西都很有設計感，好喜歡。

下半場重點是飯店附近的咖啡館**Cafe Kocsi**，這間因為有很多書和植物，也在我的造訪名單中，是我喜歡的風格。今天中午沒吃午餐，到這裡才吃第二餐，誼很乖，沒有抱怨。

最後一站到飯店附近的**大垣書店**逛，買了很多書。這是到京都以來搭公車最順的一天。

1~4. 西陣 糸屋是間充滿書香的民宿，Pawky最開心台灣朋友帶來中文書

→金閣寺→龍安寺→仁和寺→衣笠→ Cafe kocsi →大垣書店

要去搭公車之前，我跟媽媽都有一點緊張，畢竟前兩天搭公車的經驗十分失敗，不過呢！今天卻無比幸運，公車站牌順利找到，上的公車也是正確的！

到了一間台灣女生跟她的日本老公開的民宿，民宿的氛圍我跟媽媽都很喜歡，而且我覺得這位姐姐人很好，還請我們喝麥茶，希望下次有機會可以來住～

今天所有寺廟都太美了～而且我今天穿完好無缺的襪子！！！（萬歲）終於逛完了所有寺廟要搭公車回飯店那區吃晚餐（早餐到現在都沒吃東西超級餓的），沒錯這趟公車也搭對了，放鞭炮！

Café Kocsi很溫馨又有一點像酒吧，我們參考網友拍的食物，我點咖哩飯、媽媽點了一個焗烤熱狗麵包。結果我只覺得為什麼一直都這麼燙的感覺，後來媽媽吃了一口說「哇妳的蠻辣的誒」我才知道原來我的會辣，所以我們吃到一半就互換了，媽媽的好好吃。

5. 順利到達天滿宮 6. 龍安寺周圍被很多樹環繞，太夢幻了
7. 仁和寺美麗的迴廊

金閣寺美得像畫一樣

8/27(一)DAY 19

下鴨神社 → マヤルカ古書店 → 銀閣寺 → ホホホ座 淨土寺店 → 京都天狼院

打包行李寄到下一站,遇到會說中文的櫃台人員(也姓李!),他是從台灣來的。細心地幫我們和東京飯店確認,令人安心。

搭公車去下鴨神社不是很順利,又花了點時間,沒有延續昨天的好運。一進入下鴨神社,很驚訝道路兩旁有一整排蛋型裝置,非常超現實。後來才知是擅長運用科技的藝術團體teamLab的作品,於夏季在下鴨神社推出的「糺の森の光の祭 Art by teamLab」活動,夜晚會發光。可惜我們當時沒有待到晚上。

正當我們好奇觀察周遭環境時,不遠處一個好Q的小孩,搖搖晃晃走去抱氣球,結果立刻被彈開倒在地上,超可愛、超好笑的!他的爸媽也在笑(雖然他大哭)。好萌。

誼今天狀態有點不好,不敢像昨天那樣讓她餓肚子(本來想撐到銀閣寺再吃的),時間差不多就趕忙帶她去吃飯。吃飽就開心了,小孩心情變化真明顯。

1. 下鴨神社抵達!**2.** 這些蛋晚上會發光哦
3. 旁邊寫著「女性守護 日本第一美麗神」的河合神社,
被稱為「女性能量景點」

4~6. マヤルカ古書店非常有趣，有挖寶的感覺

今天第一間書店是**マヤルカ古書店**，樓上是展間，樓下賣書和雜貨，整間店有種親切友善的氛圍，像是小時候村子裡那種給人安心感的店。

離開銀閣寺後走路去**ホホホ座 淨土寺店**，喜歡的書店再記一筆！然後我發現我跟誼之所以喜歡日本的寺院，除了寺院本身的建築之美外，還有個重要原因是日本寺院都有大量植物，我們光是看到樹就開心了。又有大自然又有美麗的建築物，還有什麼比這更棒的。

最後搭公車去**京都天狼院書院**，這間印象沒有福岡深刻。

＊關於京都搭公車的心得：
Google只看方向，不管方面，ABCD要看當地站牌地圖。（好像某種咒語，不過不真的是這樣，去過京都的人就會了解）京都搭公車是推理的過程。

不按牌理出牌的有趣書店：ホホホ座 淨土寺店

這趟旅行拜訪的書店，事先都沒有做太多功課，因而常常是在沒有任何預期心理的情況下推開書店大門，迎接非常直觀且開放的感受。然後也是在這樣的經驗累積下，漸漸明白自己會喜歡的書店／空間，大都具備何種特質。

一到ホホホ座門口，心情就雀躍起來，不斷跟誼說「好有趣！」書店名稱及門口彩繪已經暗示了書店性格，它是一間不會讓客人感到無聊的書店。

進入書店後，我和誼的目光簡直忙不過來，到處都想看，每個角落都

有吸引人的東西，從這個書櫃讚歎到那個書櫃，每件商品都想拿起來把玩一番。ホホホ座就是一間如此充滿驚喜的書店。然後我愈來愈確定，我喜歡的書店／空間最重要的元素，就是「有趣」。

ホホホ座的前身是2004年成立的「ガケ書房」，ガケ書房最著名的形象就是從店內破牆而出的半截車頭。當然會這麼「搞破壞」的書店，選書也不一般。2015年ガケ書房搬遷至淨土寺一帶並更名為「ホホホ座」，不過新生的ホホホ座在經營上更脫離傳統書店的概念，實際上由四人小組組成企畫編輯團隊，營業項目包括編書、出版、企畫活動、策展等等，店裡銷售品項也不只是書。

事實上這趟旅行造訪的許多書店都有類似傾向，它們已不把自己定位

為書店，但並不是說就此拋棄了書，相反地，正是因為對書本的熱愛，催生出一股反叛精神，想要為自己喜歡的書和書店創造更強而有力的存在證明。

ガケ書房店主、ホホホ座經營者之一山下賢二接受訪談時曾說，「每個人都問我：『書店要關門了嗎？』但是我從沒有過『關門』的感覺，只是在『搬家』。在我的意識中，我從未關過店。我認為在ガケ書房的11年正處於成為ホホホ座的過程中。」

我們所造訪的ホホホ座淨土寺店，位於安靜的住宅區，距離銀閣寺、法然院和哲學之道很近。現在整棟大樓裡全都是各種有趣的小店，這也是ホホホ座經營團隊以人脈和企圖心建構起來的。目前除了淨土寺

店以外，廣島、愛媛、大阪……也都有ホホホ座，這些分店共同使用一個名稱及精神，但獨立運作。

住在京都的自由工作者杉本恭子說，「京都方言中有一個形容詞『ややこし』，它是從名詞『ややこ』（嬰兒）而來，意為『複雜』、『麻煩』、『可疑』等，但同時也包含『我無法立即理解，但很有趣』的細微差別。ホホホ座就像是這樣的存在。」

地址：京都市左京區浄土寺馬場町71 ハイネストビル1、2樓　交通：公車至淨土寺站走路2分鐘
官網：hohohoza.com

8 / 28 (=) DAY 20

藍瓶咖啡京都店 → 南禪寺 → 星巴克 京都鳥丸六角店 → 東京

 下午2:19要搭新幹線到東京，一個月書店旅行的最後一站！早上check out之後決定先去**藍瓶咖啡**朝聖，再回來飯店附近（烏丸御池）面對六角堂的星巴克。

中間寫明信片給馬賽（帶我們去極光旅行的朋友），用神戶教堂咖啡館的明信片，帶到京都來寄，結果飯店不能幫我寄！又得帶去東京。（這樣是不是很沒誠意）

南禪寺太美了，是這趟旅行最喜歡的寺廟，安靜、沉穩，非常有力量。雖然還沒列入世界遺產，但我覺得非常酷。

回到烏丸御池去星巴克稍事休息，在現代的咖啡館內，有一整排個人座位，全部面向大片落地窗外有著千年歷史的六角堂。第一次見識這樣的畫面，好特別的經驗。

再度覺得先寄行李到下一個飯店是明智之舉，感謝建議我這麼做的朋友小華。

到東京車站後，決定搭計程車。清澄白河的飯店所在位置很美，但交通不是那麼方便。這間設計旅館有幾個很棒的地方：浴室面向隅田川，可以泡澡，浴缸附枕頭，浴室可以調光亮（這是最棒的），還有附藍牙音響！（優點好像全在浴室了）

至於不太優的部分：沒有桌椅，無法置物和使用電腦，也不方便化妝。沒有煮水壺（要跟櫃台要）。10:00退房（太趕）。

晚上走去7-11買泡麵回來吃，因為沒有放泡麵的地方，我先放在洗臉台旁，結果竟然弄濕！還好還沒泡，是乾的，只是調味粉清很久，誼帶來的濕紙巾快被我用完。我的項鍊還掉在地上的麵條旁邊，我跟誼笑到不支，太崩潰。

*住：東京清澄流路共享飯店 The Share Hotels Lyuro

1、2. 當時開幕不久的藍瓶咖啡，朝聖的人很多！

（昨天偷懶沒寫日記嘿嘿）今天是在京都的最後一天，本來跟媽媽決定在昨天不小心經過的星巴克吃早餐，然後不要排別的行程，因為真的太累了哈哈哈，結果後來今天早上還是決定去藍瓶咖啡吃早餐！

南禪寺無敵美！走一走心情會變很好的地方。2樓景觀更是驚人，而且我們在上面的時候都沒有別人，可以盡情拍照。走到水路閣（水道橋）的時候，有一個日本三代家庭也在拍照，原本是最小的孫子（大概8、9歲的小男生）在幫他的媽媽跟外公外婆拍照，看起來成熟乖巧～後來他來問我可不可以幫他們拍（我當然聽不懂但感覺就是），他問的超級有禮貌又很懂事，我覺得非常有趣印象很好～

在星巴克的時候，我的視線範圍有兩個很糟的女生，一個穿洋裝的女生腳翹很高很難看，我都快看到她內褲覺得真不舒服，還有一個坐媽媽正後方面對我的位子，我一直看到她的腳勾著拖鞋在晃……

到了東京，我頭很暈，可能是很餓或沒睡飽，一出車廂就感受到了擁擠跟忙碌，頭就更暈了～找計程車站也找很久。不過東京這間旅館我好喜歡！位於河邊，有可以一邊看風景的浴缸，重點是還有一個藍牙音響！！！而且音質超級讚的～

安頓好之後，立刻把剛剛買的三角飯糰吃掉，但因為還是非常餓，所以我們散步到最近的7-11買泡麵跟香蕉。回來我開始泡我的泡麵，結果不小心把醬弄灑了一點到地毯上，被媽媽小小唸，結果換媽媽泡的時候，她整個打翻到地上，我們快笑死了！

晚上邊聽音樂邊泡澡，洗了一個快樂無比澡。

3. 南禪寺2樓風景 4. 南禪寺是此行最喜歡的寺院

8 / 29 (三) DAY 21

清澄白河 → 赤羽橋

今天拜訪在東京創業的朋友，聊了很多台日文化的不同。

心得：最佳方案是要有經驗才能形成，沒做過的事只有嘗試和不做兩種結論。

晚上請誼幫我拿東西，她說「我的腳關機了」。想跟她討論書店的事，她回「已下線」、「人變成灰的」。

哈哈哈。

今天去找媽媽的朋友唯哲跟他太太安娜（很漂亮又很有趣身高170cm），拜訪他們經營的民宿兼藝廊 NIBUNNO，我覺得非常有設計感。

後來去巷口吃豬排，然後跟他們聊了一些閒事很好笑～～回到NIBUNNO，媽媽跟他們聊正經事聊到傍晚，才回去逛旅館附近的書店，結果幾乎都沒有很成功（沒開或還好）。晚上找了一間餐廳，我的肉醬蛋包飯很好吃，媽媽點的怪怪義大利麵有臭臭的豬肉。

介紹一下我們的旅館，The Share Hotels Lyuro是一間設計旅館，設計旅館一般價位都比較高，The Share Hotels Lyuro算是較平價的，但對於要久待東京的我們來說還是勉強，所以只體驗兩個晚上

8 / 30 (四) DAY 22

book obscura → KIKICHA TOKYO → 松庵文庫
→ 文禄堂 荻窪店 → title → アール座読書館 → SUB store

早上在旅館房間度過放鬆的時刻。我邊聽音樂邊寫專欄，誼在浴室裡跳舞、吃香蕉（我強迫她吃的），因為浴室面河，景觀很好，她很開心。趁她不注意時偷錄了一段影片。

今天書店第一站是位在吉祥寺的**book obscura**，中間經過井之頭公園，就是吉卜力美術館所在地（多年前和阿全、誼一起來過，好懷念）。

第二站是**松庵文庫**。這間本來在取捨之間，不確定要不要去（因為時間愈來愈少了），還好有去，超喜歡！！！接著是**文禄堂 荻窪店**，這裡比較像小型紀伊國屋書店。然後搭公車到一問跟預期不太一樣的書店，待不久便離開。繼續前往此行最期待的空間之一，一個隱身在2樓、被許多植物包圍的咖啡圖書館。結果在這裡喝一杯飲料的時間真是坐如針氈，因為規定要安靜不能講話，感覺很不能放鬆，而且座位很侷促，並不舒適。

今天跑了蠻多地方，但沒有在京都那幾天累，感覺體力還OK，可能因為天氣沒那麼熱的緣故。舒服的一天。

1. 令人懷念的井之頭公園 **2.** 文禄堂也很熱鬧有趣

今天早上在飯店吃早餐，只要點一杯飲料就會附2片吐司，抹醬跟蛋都自由拿，後來媽媽幫我剝蛋（因為我吃太慢了），結果她剝得很爛哈哈～

逛完第一間書店後我就餓了，路上經過一間賣台灣飲料的店，我們點了一杯珍珠奶綠進去店內休息，但我還是很餓，又再去一間義大利餐廳吃東西，中間我想幫媽媽倒可樂，結果倒成青草茶超苦……

終於吃飽前往媽媽想去的第二間書店。結果松庵文庫要脫鞋子！！！我真的是穿黑襪必脫鞋！！！100％！不過還好店內有附拖鞋……點餐時就覺得店員姊姊們好可愛很親民，我們後來想換到靠窗的位子問她可不可以，她很浮誇的表示

可以可以！離開前媽媽去結帳，另一位比較年長的阿姨問我們是哪裡來的，聽到是台北她很興奮，因為她上個月才去台北覺得很喜歡。

最後搭JR到媽媽最期待的**アール座読書館**，它特別標榜安靜，一個人來可以很寧靜地看書的咖啡館。一進去真的超～安～靜，店員跟我們講話還氣音，只是座位真的太不舒服了，非常之窄我覺得我超像大隻佬，不是能夠放鬆的氛圍，所以後來我們決定離開去找吃的。

回旅館後，在這間旅館最後一次泡澡，舒服又悲傷……

3、4. KIKICHA TOKYO的台式飲料
5. 非常強調安靜的地方，比較適合一個人

社區中安靜而明亮的存在：book obscura

book obscura是一間攝影書店，從井之頭公園走來，公園另一端的人潮聲好像忽然消失了一般，空氣緩慢下來，我們要造訪的書店就座落在安靜的社區中。

這其實是店主黑崎由衣刻意的選擇，她希望來訪的客人能以靜下來的心情好好讀一本攝影集，不要匆匆掠過。

book obscura的空間設計，我跟誼都非常喜歡。明亮、現代感，店內書不多，但是每一本精選的攝影集都有自己的位置，來訪者能夠很完整地欣賞到每一本攝影集的封面，不自覺地便會一本本翻閱。書架

分類也很親民，捨棄以字母順序排列的制式做法，而以時尚寫真、紀實、街拍等主題分類，確實做到黑崎小姐對book obscura的期許：「即使是不熟悉攝影集的人，也能自在享受的空間」。

除了不同於古書店的明亮感，我們一進門便先感受到香味，這是我覺得日本書店——或應該說是他們的實體空間（不限於書店）——很用心的地方，真正把空間當作一個五感體驗的場域。我認為，這也是實體最無法被數位取代之處。因為生命與無生命的差異就在於體驗，而不是硬體。不論是人與人的交流，或是嗅覺、觸覺、味覺等感受，都是吸引一個人離開電腦、跨出家門，所追求和嚮往的元素，它既是原點，也是目的。

回來看網路上的報導，黑崎小姐說，她希望能成為攝影師和讀者之間的橋樑，只要客人願意和她討論，她會把所有關於這本攝影集的知識都與他分享。讀來很感動，充分感受到書店主人對攝影集的熱情。我想，一間店的靈魂，就在於經營者真心及全心的投入。

obscura店名來自於拉丁文"camera obscura"，指的是「暗箱」，同時也是相機一詞的由來。一間小小的書店，專注地做自己熱愛的事，並帶給人們新鮮的目光，真是很棒的事。

地址：東京都三鷹市井の頭4-21-5 #103　**交通**：JR 京王井之頭線「吉祥寺站」走10分鐘
官網：www.bookobscura.com

在老房子裡喝茶看書的美妙時光：松庵文庫

嚴格說來，松庵文庫並不是一間書店，而是一間有書、有餐點的咖啡館。但是，我現在非常認同「名詞並不重要」，重點是怎麼做、做出什麼。書店的內涵已在改變，未來還有沒有「書店」都無法確定，然而，書及書店的本質仍可以存在。就像松庵文庫這類「有書的場所」，先塑造一個令人想要親近、停留的場域，然後讓來客自然而然地接觸到書，對我來說，這就能推廣閱讀。

散步到松庵文庫門口，已感到興奮，一直認為老房子和書店非常契合，書放在有歷史的空間裡感覺更有靈魂。這棟有八十年以上歷史的

住宅，原本是一對音樂家老夫妻的住所，後來交給住在附近的現任店主管理。「松庵」是此地地名，喜歡閱讀的店主，一方面盡最大可能維護老宅的樣貌及保留周遭植物，一方面因為自己喜愛閱讀，將店名加上了「文庫」。

待在松庵文庫的這一小段時光，是我回台灣後仍回味不已的記憶之一。喜歡的原因，第一是店內氛圍；老房子的維護不易，松庵文庫既保留歷史感，又非常乾淨，坐在裡頭，很是享受。第二個原因是書籍擺放的方式；除了一兩個主要書櫃之外，每張桌子上、座位旁，都有三三兩兩的書，供客人隨手閱讀。這種把書「打散」的方式，讓閱讀的行為更加容易和自然。

第三個原因則是店員親切可愛，不像大部分日本店家雖然禮貌周到但感覺很有距離，而且她們一直小出錯（跟我一樣會打翻水），然後自己很吃驚！感覺很人性，大加分。

網路上關於松庵文庫的介紹頗多，因為它是日劇《請和廢柴的我談戀愛》拍攝場景。如果是日劇迷，來到這裡一定有更不一樣的感受。

不斷趕路的我們則被它好好撫慰了，終於感受到旅行的放鬆。因為當天是下午到，只點了甜點和飲料，下回希望有機會享用主餐，然後看看5月時院子裡盛開的杜鵑。

地址：東京都杉並区松庵 3-12-22 **交通**：西荻窪站南口步行 8 分鐘 **官網**：shouanbunko.com

8 / 31 (五) DAY 23

新木場 CASICA → 森岡書店 → (KITTE) マルノウチ リーディングスタイル

今天換旅館。10:00 check out 之後,先到2樓把旅館贈送的兩張飲料券用掉,在戶外邊喝飲料邊寫專欄蠻愜意的。

然後計程車搭好久才到新旅館,十分後悔訂了一間這麼遠的旅館。寄放行李後,第一站先去**新木場CASICA**,比想像小,但是品味很好的空間,果然設計雜誌爭相介紹是有原因的。下回應該來這裡用餐,可以坐久一點。第二站**森岡書店**,也比想像中更小。這間一個檔期只賣一本書的傳奇書店,終於有機會親見,可惜老闆森岡篤行不在。接著走路去**マルノウチ リーディング スタイル**,這是一間book cafe,結果是在**KITTE**裡面,誼一進去就說上回來過,我則過了好久才想起。

然後不小心逛到一個奇妙的地方,完全沒預期會在百貨公司裡頭看到這麼精彩的展,就像是闖進異世界的入口——東京大學總合研究博物館(Intermediatheque)的展出,成了今日最棒的體驗!東京大學和日本郵局合作

1. CASICA新木場內部,下回可以來用餐 2. CASICA新木場書和植物的搭配陳列很迷人

→ Intermediatheque → 有樂町 MUJI BOOKS → 銀座蔦屋書店　★住：最佳西方東京西葛西飯店

的博物館，無法形容的酷，像是超大復古設計展，館藏本身及陳列方式都如精品般，我和誼連連驚歎，看到好多不可思議的動植物標本。我心裡想著，這真是一間大學最好的宣傳。館長同時也是策展人西野嘉章，令人肅然起敬。

我們在博物館逛了好久，快6:00才依依不捨離開，趕往**有樂町MUJI BOOKS**，MUJI BOOKS選書超強，有各種有趣的企畫。接著趕去**銀座蔦屋書店**，走了快20分鐘，有點累，但沿路有很多東西可看，姿態各異的現代建築，讓夜晚的東京看起來比較像東京了。

回到旅館時已經10:30，這才進入房間，有夠小的！誼行李一放下去，廁所門就只能開一條小縫！看著她側身進進出出，原本累得沒有靈魂的兩人突然覺得很好笑。我問：「那我的行李要放哪裡？」誼答：「可以放走廊嗎？」

本來很鬱悶，覺得訂了一間好差的旅館，是這趟旅行中最差的。但誼沒怎麼在意，還勸我往好處想。好在女兒很正面（好像是我比較愛抱怨）。

3. 叫誼回頭然後拍到這樣的照片 4. 森岡書店每週只賣一種書，搭配展覽

今天換到東京另一間飯店，離地鐵很近，我覺得很ㄅㄧㄤˋ。

第一站先到CASICA新木場，這裡結合書、植物、木製品跟咖啡店，我覺得蠻酷的。但是裡面有幾隻鹿頭的裝飾，我一直在想牠們是不是真的動物，愈看愈害怕。

緊接著！我們走路去一間書店咖啡店，在銀座KITTE的6樓，這裡好好逛，我跟媽媽都買到了送人的禮物。後來逛到3樓，一出手扶梯就看到一個東京大學的展覽，原本以為小小的，沒想到！裡面很大！而且！！！展示了多到爆炸的標本，真的是酷～～～～～到不行的地方。有很多動物長得十分奇特，有一種長尾公雞尾巴最長紀錄是13公尺！然後樓下的樓梯間有一付很大很大的骨頭，我以為是恐龍，沒想到是鱷魚，介紹上說是在大阪的地層內挖出來的，真的很巨大，好像有8公尺長～

之後連跑兩間書店，都很好逛，今天超拚～媽媽真有毅力。

5. 東京大學總合研究博物館的展

書是生活的連繫物：有樂町 MUJI BOOKS

之前說我喜歡有趣的書店，而MUJI BOOKS的有趣度非常高。

前幾年有個機會到上海，甫開幕不久的無印良品旗艦店自然是首要造訪的地點，因為裡頭有初次引進中國的MUJI BOOKS。記得我在傍晚的MUJI BOOKS驚訝地瞪大了眼睛，視線所及的選書、文案、動線設計都太強了！沒想到大型通路也能有如獨立書店般強烈的個性。

帶著上海MUJI BOOKS的印象，此行來到東京有樂町無印良品旗艦店，全日本第二間MUJI BOOKS，期待很高。必須說，一進入有樂町MUJI BOOKS，兩年前在上海的印象立即復活，到處都是有趣的書！

我認為獨立書店能勝出大型書店的原因在於選書的獨特性。正因為小書店空間有限無法容納各式各樣的書，也較無必須陳列暢銷書的壓力，獨立書店往往能發掘出許多尚未被讀者認識的好書，給它們一席之地，呈現出不同於大型書店的魅力。因此這趟旅行中，我在每間書店所待的時間，幾乎就取決於它們提供多少「沒有在別間書店看過的書」。

MUJI BOOKS令我佩服的正是他們能做到如獨立書店般的獨特性。或許因為無印良品的事業核心是生活，而不是書，書只是連繫的方法，因而能不受書店定義所限地選書。如有樂町MUJI BOOKS經理清水洋平接受《東京本屋紀事》作者吉井忍採訪時所說，「在這裡，書成為一

種溫柔的隔斷，也會成為把兩部分賣場連接起來的媒介物。」

那趟上海行給了我靈感，隔年在《Shopping Design》製作了一期「製造驚喜邂逅的書店」。大概從那時開始，書店在我心目中，就有了能立足於未來的答案。

遺憾的是，日本書店旅行回來後，就聽說屹立17個年頭的有樂町無印良品旗艦店因土地徵收問題於年底結束營業。然而我們趕上最後機會，在它消失之前親身體驗「為企業提高了營業額也帶來新客層的MUJI BOOKS，到底做到了什麼」，這也是幸運的。

冊で束ねて。 **BOOK**

本の本の本

「本にまつわる本」づくしの本棚です。
本を選ぶ名人、本を読む達人。名作日記、
日本語を味わう本、世界のロングセラー。

Books About Books

用書店展現藝術文化實力：銀座蔦屋書店

銀座蔦屋書店位在東京新興地標GINZA SIX的6樓，我們造訪當時，大樓及書店才剛成立一年，還是話題很熱的朝聖地點。那天很晚才到達，整棟大樓已呈現休息狀態，然而一進入蔦屋，就感到生氣勃勃的朝氣，整間書店很有人氣，感覺發著光。

銀座蔦屋書店定位很清楚，是一間藝術書店。店內空間不算大，但是滿室的藝術書籍，令人目不暇給，在還搞不清楚書店的分區概念時，就已經被架上許多書籍封面震撼，同時對空間設計下深刻印象。我認為書店本身在設計上是下足功夫的，在瀏覽的同時，各區之間仍有視

覺的穿透性，因而層次感擴大了豐富性，也擴大了書店的空間感。

所以，在讀進任何一本書之前，就已經被空間設計說服。銀座蔦屋用整間書店來說明「藝術」，而不只是擺放藝術書而已。

除了上萬冊來自世界各地的藝術書籍（範圍涵蓋美術、建築、時尚、攝影），書店主要分成三區：「Art Street」以時代順序搜了上百位藝術家書籍；「Art Wall」陳列新銳藝術家的作品；「Event Space」則以城廓為概念，展示從江戶時代到漫畫產業等日本特有文化的相關書籍。

我對藝術書籍沒有研究，但是在這裡讀到的許多書，直覺非常珍貴。從紙張、設計、印刷到裝幀，這些為數眾多高價位和高品味的書籍，

能夠被鑑賞和收購，是需要一定的眼光及實力的。而且，蔦屋大部分書籍都沒封膜，讀者很輕易可以打開一扇扇提升眼界的窗，簡直是靈感的寶庫。

不過，銀座蔦屋書店最大的亮點應該還是位於書店中央，仿日本傳統建築意象、以高達6公尺的書架所圍繞出的藝術空間「Event Space」，它也最常代表銀座蔦屋出現在各大媒體上。我自己很喜歡這區，除了展出的都是一流作品，我更注意到，圍繞著的書架裡頭，選書並不馬虎，那些密密麻麻的書籍依然非常有趣，並不是為創造空間隨意填充，更不是做做樣子而已。

銀座蔦屋書店嚴格來說不只是一間書店，確實有向世界展現日本文化的企圖心。店內除了大量藝術書，還有如春宮畫、日本刀等特殊收藏！一間書店能做到這種程度，我其實覺得非常感動。下回再有機會到東京，一定要留一整天給它。

地址：東京都中央區銀座6丁目10-1 GINZA SIX 6F　**交通**：銀座站 A3出口 步行2分鐘
官網：store.tsite.jp/ginza

9/1 (六) DAY 24

Route Books → Coat 舊址
→ Readin' Writin' BOOK STORE → GINZA SONY PARK

今天第一站先去我一直很期待的**Route Books**，一間有很多植物的書店咖啡館。果真沒有失望，它成為此行最喜歡的書店前三名。第二間書店是Readin' Writin' BOOKSTORE，剛進去時老闆在跟客人聊天，感覺氣氛融洽。結帳時老闆問我們從哪裡來，這趟只要說是台北來的，對方都很興奮，日本人真的很感念台灣在311震災時提供的援助，能這樣被對方記在心裡，我也覺得很感動。

接著去稍早在網路上看到的推薦：**GINZA SONY PARK**，Sony大樓拆掉前的期間限定植物園，有西畠清順的植物設計。我們在神勝寺洸庭外看到宛如海底生物的奇妙植物，就是他的作品。

之後沒行程，買了不二家的泡芙後亂逛，開始覺得累。拉肚子不舒服，早睡。

1. GINZA SONY PARK水族箱裡的呆呆魚，諳不小心"wow"了很大一聲 2. 西畠清順的作品 3. Readin' Writin'BOOKSTORE也是一間舒服的書店，店裡有台灣《秋刀魚》雜誌

有植物有陽光，充滿生命力的書店：Route Books

從很多方面來說，Route Books勢必會成為我心目中理想書店的典範。首先，它有大量生氣盎然的植物，自然光充足；店內每個座位都非常舒適，自成安穩的空間；書籍擺放錯落，幾乎每個角落都有書；在率性和工整之中維持一種我個人覺得很棒的，有機的平衡。

Route Books由建築設計事務所YUKUIDO經營，事實上書店對面就是YUKUIDO用來回收舊料的倉庫，店內家具由自家製作，大都可以購買。《東京街角書店》書裡提到老闆丸野信次郎開店的動機，他認為「任何事情都可以從書上學習，如果開書店，就可以遇到有著各種興

趣和想法的人,也可以成為學習的地方。」

「想要打造一個有助於交流和學習的場所,於是選擇了開書店。」

我自己最喜歡Route Books的部分是它運用植物的方式,店內巧妙地運用植物作為座位與座位之間的區隔,它不像真正的牆面那樣冰冷生硬,既為客人保留些許獨立性,又不會失去開闊和連結。而且,富有生命力的植物為整體空間帶來活潑的氣息,搭配店裡的音樂,讓人感覺這真是一間非常有精神的書店。

Route Books店內植物是有專業的園藝專家在照顧的,事實上植物也是這個複合空間經營的項目之一,店裡所有植物都有標價,都可以購

買，如果需要照料上的建議，也有專人能夠協助。

我認為Route Books提供了一種理想生活的樣貌，書籍、新鮮的食材、園藝、音樂，都是構成美好生活的要素。因此可以理解為何老闆丸野先生經常婉拒電視台採訪以及過度的曝光，他對於維護這個場域的氛圍看得比名氣更為重要。

那天在1樓度過愜意的時光，臨走前我們上2樓瞧瞧，滿滿的都是人，

而且植物甚至比1樓更多樣豐富。據說2樓經常舉辦陶作坊及各種活動，我想像在那裡上課的情景，覺得非常羨慕。

地址：東京都台東區東上野4-14-3 Route Common 1F　**交通**：稻荷町站步行7分鐘　**官網**：route-books.com

9/2（日）DAY 25

On Sundays → Utrecht → Flying Books → Forest Library → Kono Books 河野書店 → POST

 早上本來下雨，我們一出門雨就停了，天氣涼涼的很舒服，竟然涼到需要穿長袖！而且一整天都沒用到雨傘，真幸運。

第一站**On Sundays**，從車站走過去，一路上都很開心，逛到一棟很特別的建築物，瞥見裡頭有書，便先進去逛逛，想說我們的目的地就在旁邊，已經快到了。我逛著逛著，看裡頭的陳設忽然有個感覺，開玩笑問誼，該不會這就是On Sundays吧？誼還說不是啦，它應該在旁邊巷子。結果就是！太搞笑了。

之後從這裡走到**Utrecht**，經過表參道，好美。先去誼在網路上看到的一間甜點店，吃到她想吃的烤棉花糖（裡頭包冰淇淋和巧克力，真的好吃），只是店裡沙發、椅子都有點髒，可惜。

經過澀谷車站到**Flying Books**，這是一間有很多舊書刊的書店，比較不適合我們。緊接著我們前往位於大樓裡的**Forest Library**，會員制的閱讀空間，感覺有點神祕。我在門口猶豫了很久，終於鼓起勇氣按鈴，裡頭很像**Book &**

Bed，蠻多人，但是非會員一人要1500日圓，有點貴，而且我們才剛喝過飲料，於是就沒待下來。繼續走到**Kono Books河野書店**，走了好久，路上也是有趣，但十分疲累。誼很棒，一直安慰我快到了。

接下來的**POST**讓我回復了精神，原本以為看一下就會走了，結果和誼逛超久，每本書都好精彩，吸收到許多美感和做書的創意。顧店的小姐說她的作品10月份會來台北參加草率季Taipei Art Book Fair！有種奇妙的緣份的感覺。

最後帶誼去**代官山蔦屋書店**，這是我第二次來，附近街區變得好熱鬧。

今天太瘋狂了，跑了7間書店。

晚上誼在房間模仿，我隨便講她隨便演，結果演小公主像小公雞，小王子像小乞丐，後來講到小國王，我正說哪有這種東西，她已經在演了！還有小皇后像小傻瓜。哈哈哈哈哈。

→ Asian dining & bar Sathi → 代官山蔦屋書店

 今天早起去吃早餐，果然又是自助餐，而且菜色真的都差不多欸，導致我也都拿的差不多～

吃完飯收完衣服媽媽排個行程我們就出發啦！（今天比較冷，不過沒有很曬的太陽走路好舒服）第一站到澀谷，出地鐵站後要走一小段路，但一路上都是好美又好有質感的大店！有種神戶感。

今天跑了很多地方，離開河野書店後媽媽突然沒電，原本想找個地方休息可是找不到，所以我們決定直接去搭地鐵到下一間書店，好險地鐵站很近～

最後一站是代官山蔦屋書店，這裡有點像北野異人館街的放大版，我覺得如果就住在這附近，偶爾一個人來也很舒服～到了蔦屋，我們想先吃晚餐順便休息一下再好好逛書店，於是找到一間南洋料理店，點了一份雞串燒、起司烤餅跟泰式拉麵，我咬了一口串燒，差一點好吃到融化在椅子上，太軟嫩好吃了啊啊啊啊啊啊啊！

1. On Sundays位於現代美術館Watarium內 2. 烤棉花糖！
3. 很喜歡拍路上好看的房子

母女都喜歡拍路上好看的房子和植物

超越書店概念的原創基地：Utrecht

隱身在南青山住宅區2樓的Utrecht，本身就像是一個市集。店內非常明亮，透過多扇窗照射進來的自然光，將室內細緻的木質家具襯托得更加輕盈。一眼望去，不只是書和刊物，還有更多有趣的物件，像柔和的珍珠，安靜而高雅地展示自身。過了許久才想到，啊，這間書店就是精彩的策展。

我和誼一進門就感受到，好心情像是上升了幾個刻度。

我們在Utrecht看到各種獨特的書刊，第一印象：這是一間重視設計和創意的書店，但是它的藝術／設計刊物卻不會給人高不可攀之感，

反而相當親切。後來得知店主江口宏志是東京藝術書市集（Tokyo Art Book Fair）創辦者，頓時恍然大悟。提供獨立創作者發表舞台，並促進國內外藝術家、獨立出版社交流的藝術書市集，一年舉辦一次，但是在Utrecht卻是每日發生。

至於很難念的店名Utrecht（烏特勒支，荷蘭第四大城），是為了紀念米飛兔的創造者——既是設計師也是藝術家的迪克・布魯納（Dick Bruna），烏特勒支是他的出生地。

江口宏志不只一次在訪談中提到，他希望，不僅是透過作品溝通，讀者也能看到創作者的臉。因此Utrecht主要販售還在世的創作者作品，也經常舉辦藝術家和讀者的交流活動。店內有個小小的展覽空間，展

出的作品通常都是在別的地方看不到的。

Utrecht最令我佩服的部分在於，它幾乎就是個原創場域，是許多創作的源頭，不只販售作品，甚至和創作者一起企畫，支持並協助他們的作品出版和流通。這已遠遠超越一間書店的定義。

一間書店能做什麼？認識Utrecht之後，我想答案是「還有很多很多」。

地址：東京都渋谷區神宮前5-36-6 Cayley公寓2C
交通：明治神宮前站7號出口或表参道站B2出口步行10分鐘　**官網：**utrecht.jp

一次介紹一間出版社的藝術書策展中心：POST

拜訪POST之前就知道這是一間藝術書書店，因此，在我狹隘的認知中，我認為我們不會待太久，因為藝術書門檻較高，可能不容易親近。結果，我大錯特錯。我們一進去之後，幾乎出不來，若不是還有行程要走，真不想離開。

POST提醒我不要太早下定論。正因為是藝術書──不論是藝術家作品集，或是談論藝術、攝影相關主題的書，在製作上幾乎是將一本書所有的元素發揮到最極致。在這裡可以看到各種驚人的裝幀技術及設計風格，更不用說紙張、編排、圖文的質量，根本就是創意與設計精彩

絕倫的殿堂。

每本書就是一個傑作。我跟誼不斷讚歎，愛不釋手。

POST是東京藝術書市集現任藝術總監中島祐介暨limArt之後所創辦經營的第二間獨立書店。為避免全店書籍僅由自己一人喜好出發，中島祐介採以出版社作為週期策展主題來變換書店的內容，更為完整地介紹值得認識的出版社及其出版品，讓讀者從一本書進而認識整間出版社，獲得更多不一樣的觀點。想要理解未來的書「值得收藏」的奧義，POST是一定要來學習的地方。

過去談書店存在意義時，常借用蔦屋書店創辦人增田宗昭的話，「書

店是靈感的場所」。這句話在這趟旅行中不時浮現，進入POST時感受最深。像這樣的書店，不會是只去一次打卡的地方，而有著吸引人經常前往的誘因。

如果為了適應未來，人必須要有接受變化的彈性，不斷學習成長，那麼，提供創意靈感、本身也在進化中的書店，肯定不會消失，而是走在前端引領人們的場域。

地址：東京都渋谷區惠比壽南2-10-3　**交通**：惠比壽站西口步行5分鐘　**官網**：post-books.jp

9/3 (一) DAY 26

下北澤 → Nan Station → B&B → WEGO → Grin → DARWIN ROOM → Cafe Exlibris

1. 喜歡的衣服店 **2.** 陽光灑進的街道好迷人

今天的重點是下北澤！除了幾間要拜訪的書店，還要帶誼去我心心念念的的印度餐館Nan Station，覺得那裡的印度烤餅是我吃過最美味的。

這幾年成立獨角獸計畫、推廣閱讀，所有想法背後有一本對我很重要的書——《到書店找創意》（新版更名為《書店的逆襲》），作者嶋浩一郎和另一位書店企畫人內沼晉太郎在下北澤成立了一間結合書和啤酒的有趣書店B&B，我們今天就是為了它而來。

第二間想去的書店Kiryuusha気流舍6:00才營業，於是中間多了很多亂逛的時間。一開始覺得很難逛，後來逛到一間名為Grin的服飾店，我和誼的眼睛立刻亮起來，完全是我們喜歡的風格！

中間有件小事，這次在日本難得地遇到了態度不好的商家。我在一間衣服店門口看到一件罩衫，覺得很適合送給家人，沒想到這間店規矩好多，不能拍照上傳、包包要放在沙發、男生不能進來（？）……非常囉唆。出來後我跟誼好好抱怨了一番，真是莫名其妙的店啊～

→ Kiryuusha 気流舎 → 烏良商店

逛了一陣想帶諠去**DARWIN ROOM**，一間有很多古董跟奇奇怪怪東西的書店咖啡館（記得曾在哪裡讀過報導），但是那天不知為何，店裡有強烈的汗臭味，我跟諠憋著呼吸大致瀏覽一圈沒有久待。不過它靠窗的位置看起來真的很舒服。（下次沒有汗臭味再來！）

最後到**Cafe Exlibris**稍事休息，等気流舎6:00開門。

気流舎是一個好小的空間，一進去就有好聞的薰香味，加上很身心靈的音樂，感覺是一個適合冥想的地方。站著看了幾本書，我跟諠都覺得很特別。真神奇，本來擔心年輕人會不喜歡，諠竟然也蠻能欣賞的，真是個隨和的孩子。

因為中午吃很飽，下午還吃了甜點，我們兩個都不餓，想說直接回飯店，但走到車站一路上好熱鬧，好多吃的，在一家餐館門口看到很誘人的食物照片，又不敵美食的召喚走進去了。原本諠一直強調她不餓，結果吃得比我還快……

3、4. Darwin Room內部 5. Darwin Room外觀
6. coffea exlibris是諠喜歡的風格

和女兒一起旅行的日子

講一下今天逛街的經過～一開始經過的好幾家店都有說不上來的怪感，有很多古著店但不是我愛的那種，我們覺得很困惑這是我們記憶中的下北澤嗎！

後來經過一間店看到一件罩衫花色很適合阿姨，我們正在討論要不要買的時候店員走過來問我們是不是會員什麼的，然後帶我們到門口看一張紙上面有寫他們店裡的''rules''，媽媽跟她說我們已經決定好要買這一件了，她還堅持我們一定要先把包包放在沙發上，結帳的時候衣服要先放在一個衣桿上，媽媽就一直跟她強調已經可以結帳了，她還說at first, the rules！我真的快不行了，明明很普通的店怪規則一大堆是要不要做生意啦，走出來只覺得超級奇葩……

後來逛逛逛，看到上次在大阪逛過的WEGO，結果這一家跟那一家很不一樣欸，都不會看到重複的衣服，我一開始先看到一件燈芯絨的卡其色吊帶長褲覺得好萌萌萌，拿去試穿，穿了之後差點愛上自己太可愛了啦～

走一走看到一間好可愛的衣服店，裡面的衣服也都很有質感，媽媽試穿了幾件，顏色都是她喜歡的灰藍色，而且版型也很適合，我覺得這間店的店員超厲害一直拿媽媽會愛的衣服出來，而且也都親切可愛（還學我的動作噗哈哈哈）～

傍晚去到最後一間書店気流舍，空間小小的我覺得很像舒適的小木屋，而且一打開門就有清新的香味，很涼爽還播放很空靈的音樂，會讓人想久待享受的地方。但因為坐下來要點東西喝我們都很飽所以一直站著翻書，總之是一個舒服的空間。

逛完差不多要回家了，走回地鐵站的那條路我們沒有走過，還蠻好逛的耶！（我們一開始到底誤入了什麼糟糕之地）也經過了好多看起來好好吃的餐廳。有一間雞翅特別有名的餐館，可是我一點都不餓所以有點猶豫要不要進去。後來還是進去了，我們點了一份吻仔魚炒飯跟兩份雞翅，炒飯上來的時候整個香味撲鼻我嚇到，其實剛坐下來有點後悔，因為我真的不餓想說這樣會不會很浪費，結果我吃超快！

吃得心滿意足地回家，回飯店前陪媽媽去添購水蜜桃（媽媽有水蜜桃上癮症）。開心～

有啤酒有書的創意實驗場：B&B

「實體書店的魅力，就在令人意想不到的偶遇」、「書店是和世界接觸的地方」……給我這些重要啟示的人，就是《到書店找創意》的作者嶋浩一郎。當我發現嶋先生和選書企畫人內沼晉太郎在下北澤合開了一間書店，無論如何那一定是有一天我要親身造訪的地方。

因為抱著相當高的期待而去，而且此行目前為止已經看過許多厲害的書店，老實說剛進B&B大門時有些失望，非常樸素的裝演，書籍及書架陳列也沒有第一眼就能注意到的亮點，但是，光是靠近入口處的一面牆，就有好幾本書讓我想要買回家當作編輯參考。我想，這間書店

的有趣之處，大概需要更內行的眼光。

一般書店搭配的飲料是咖啡和茶，B&B卻豪邁地搭配啤酒！（店內還供應葡萄酒）B&B店名便是來自Book & Beer的縮寫。除了店名上的創意，我在讀相關資料時，對B&B最深的印象在於他們辦活動的頻率，一般書店每週能有一兩場已十分緊湊，B&B是每天！而且每天還分上下午兩場，週末有時甚至有三場！但是他們的人力卻非常精簡。這也可作為一種經營模式參考。

內沼晉太郎說，「好的書店，就是能夠讓毫無目的地進來的人買書的店。」

這趟旅行剛好遇到新雜誌《ATLANTIS》創刊，我們在各大小書店都看到它的創刊號擺放在明顯的位置。然而只有B&B大手筆地擺滿長長一桌，並且將它的落版樣張貼在牆上，好像讓讀者一起參與了幕後過程。因此，我終於在B&B決定把它買回家，順道也帶了總編輯加藤直德催生出《ATLANTIS》之前所製作的獨立誌《ATLANTIS Zine》第6號（可惜沒蒐集到前幾期）。

書店就是和未知相遇的地方。無論如何，這間位於下北澤大樓地下室的獨立書店，永遠都有我的敬意和謝意。

＊ B&B 2020年4月搬到了下北澤另一區，從地下1樓變成2樓的書店，希望很快能有機會再訪！

新址：東京都世田谷 代田2-36-15 BONUS TRACK 2F　　**交通**：下北澤站步行4分鐘
官網：bookandbeer.com

對抗主流文化的心靈小棧：気流舍

旅行到目前為止，已經去過50幾間書店了，如果有人問我會不會厭倦和無聊，我跟誼的答案肯定是不會，只希望還有更多時間去更多書店。

這趟旅行讓我更確信書店可以有各種樣貌。一間好書店能瞬間帶我們抵達不曾體驗過的世界，書店的可能性之多，超乎想像。然而即便我已無任何設限，像気流舍這樣的存在，依然令我驚奇。

鑲嵌著玻璃的木門，光是從門外窺看已令人興奮。它大概是此行我們所造訪的最小書店。我和誼兩個高大的女生，有種闖進哈比人住所的錯覺。它真的像是另一個世界。空間正中央有一張桌子，客人可以坐

下喝杯咖啡，書則分布在三面牆上，其餘就是一間廁所和一個簡單的
廚房。我覺得好像在樹屋裡。

気流舎空間雖小，卻不會讓人感覺不自在，可能因為滿室彌漫著好聞
的味道，讓人心情非常放鬆。不過，店內選書卻有著跟空靈氛圍完全
相反的反叛氣息，幾乎全是標榜著「counter-culture」（對抗主流文化）
的書。這間書店沒有「老闆」，而是由15位志同道合的朋友共同經營。

這裡的書不是我能讀懂的，但卻是我會願意待上一陣子的地方。享受
好聞的薰香和咖啡香，令人放鬆的音樂，在一個彷彿與外界隔絕的獨
立空間裡，擁有一段脫離常軌的時間。

我覺得書店的意義也是如此，帶我們看到無限種可能性。不論是大樓裡的神祕空間，還是森林裡的樹屋，只要有書，只要有書店主人的意志、熱情與對書籍的愛，它就能為我們照亮一條新的路。

地址：東京都世田谷 代沢5-29-17 飯田ハイツ1F　交通：下北澤站京王中央口步行5分鐘
官網：kiryuusha.com

9/4 (=) DAY 27

蔦屋書店公寓 → Story Story → Brilliant cafe → BEAMS Japan

1. Story Story的書很有特色

天氣預報有颱風，CNN說是今年最強颱風！猶豫著要不要在飯店躲颱風，看天氣圖實在不確定對東京的影響。用過飯店早餐後，決定回房睡回籠覺。起床後，天氣放晴，再看一下新聞，決定出門！

好險沒浪費這一整天時間，颱風對東京影響很小，甚至沒什麼雨，只有傍晚回來時偶有強陣風。這趟旅行很「幸運」，竟遇到四個颱風！但也真的幸運，每個都閃過。

先是出國時遇到珊珊颱風，趕在它之前飛離台灣，然後在我們到廣島尾道之前，廣島、九州一帶才遭受風災（我們到達後沒有感受到災情，可能地區不同，也復原一段時間了），接著要前往京都時，又有兩個颱風夾擊，結果一個往九州（我們剛離開那裡），一個偏關東。在京都時，看天氣圖是有點影響，但在京都飯店裡一點感覺也沒有（窗戶紋風不動）。第二天出門便是晴天，好像東京較嚴重。

最後在東京快要回國時，又來第21號強颱，這回是關西（京都、大阪、神戶）一帶受颱風肆虐（就在我們離開之後）。當然造成災情都很令人擔憂，但至少沒有多我們兩個，還是非常感恩。

這天也收穫頗豐，**蔦屋書店公寓**是最大亮點，參觀一小時500元（只能在5F），大片落地窗前有幾個可以躺下來的懶骨頭，看起來好舒服（可惜都有人佔據）。我跟誼說以後我們家也要這樣～和誼在那裡又看了幾本《世界最美的……》，一小時一下就過去了。

最大敗筆是原本預計去**Story Story**用餐，沒想到那段期間是以小熊維尼為主題的展及餐點設計，然後很巧地誼同學不久前在這打卡說餐很難吃。menu只有兩種正餐選擇，確實感覺不是大人的口味。我看誼的表情好像快哭了（她餓很久超期待這餐），媽媽只好趕快帶她離開去別層找吃的，終於女兒滿意，吃飽才有力氣走下個行程。

後來還是回到Story Story逛一下書，這裡的選書其實蠻有趣的，看到兩種生日書，一種是蒐集生日當天的大事件和同

一天出生的名人，另一種是同天生日的名作家小說。日本人做書的企畫好活。幫誼買了一本，封面是娜塔麗·波曼。

下一站去朋友推薦的**BEAMS Japan**，超級酷！如果我還在設計雜誌社工作，肯定要列入報導。之後本來還想再去一間書店，但天黑了，風有變強的趨勢，誼看到烏雲被吹得很快好像很害怕，於是決定回飯店，結束行程。

 今天據說是燕子颱風影響最大的一天，而且新聞說是超強颱，所以我們很猶豫到底要不要出門，吃完早餐回房間看新聞思考（其實只有媽媽在思考，我只要負責說「都可以」就好～），一下決定出門一下決定不出門，所以我們開著電視睡了一個回籠覺，而且我還橫躺。

醒來之後媽媽決定還是出門，所以我們很快速地準備前往第一站～一出旅館覺得一切都很正常，沒風沒雨路上行人也不少。

中午去一間叫Story Story的書店順便吃午餐時，因為已經下午我超級餓，所以很期待吃飯，這間書店的餐都會不定期地跟書做連結，這次是《維尼小熊》。我一看到菜單只有兩種主餐而且感覺都不怎麼優還頗貴（都超過1000 日圓），可是我們已經坐進來了要走有點不好意思，我就有點難過想哭……（很誇張我知道），後來媽媽就把我帶走了哈哈～

後來去同一棟樓的咖啡館，點了一份炸雞當前菜，我吃燻鮭魚義大利麵，媽媽吃蛋包飯，還點了一份鬆餅，我很開心。吃飯的時候看到旁邊窗戶外的雲跑得好快，有種颱風漸漸靠近的感覺。

後來去BEAMS Japan我非常喜歡，有很多很酷的小東西、書、雜誌，還有一個小小展覽！逛完媽媽猶豫要不要再去下一個點，可是那時候風已經變大了，最後決定還是回家好了（我蠻喜歡這個決定的）。要上手扶梯進地鐵前突然有兩陣大風，我跟媽媽都差點往後倒……

2. 要看最酷的東西就到BEAMS Japan

把閱讀帶進生活的住宿空間：蔦屋書店公寓

我們造訪的當時，蔦屋書店公寓才成立半年多，很幸運剛好可以去看看這個熱門的新景點，我想知道蔦屋書店公寓和我們已經去過的兩間 Book & Bed有何不同。

介紹蔦屋書店公寓之前，先提一下蔦屋家電。雖然我很喜歡蔦屋書店，但是對家電沒太大興趣，因此在進入蔦屋家電之前只是抱著看一眼的心態，卻沒想到，蔦屋家電令我大為驚艷。從此知道蔦屋書店這個品牌就和誠品書店一樣，它所延伸的任何事業體，必定都有值得信賴的品質。

蔦屋書店公寓大致上延續這樣的印象,非常舒適、極富設計感、選書精彩。它和Book & Bed相同,都有開放給非住宿者入內參觀、享用空間的時段及收費方式,不同的是,Book & Bed的床和書在同一空間內,蔦屋書店公寓則區分開來,入內讀書的客人只能到5F或6F(6F是女性專用樓層,另加收入場費),不會打擾到其他樓層住宿的旅客,而且上述兩層樓24小時開放。

即便是以小時計費的短期使用,上述樓層仍附有淋浴間和更衣室,也有家居服可供租借,並且一進門就提供舒適的室內拖替換。總之,它

確實營造出一種「家」的感覺。我們沒有去到其他樓層，不過看網路介紹，蔦屋書店公寓提供的服務非常細緻，特別是女性樓層，同為女性的我非常有感。當然，選書也因區域、客層有所不同，這點是最令我佩服和心儀的地方。

不過很遺憾地，蔦屋書店公寓已於2019年底閉店，根據報導，總公司
CCC似乎有新的計畫。只能說很幸運曾經造訪過這樣一個被書環繞的
有趣場域。希望新版本的空間會更迷人。

9／5 (三) DAY 28

Esola → 梟書茶房 → 天狼院書店 → 淳久堂池袋店

今天沒用飯店早餐，直接帶誼去**梟書茶房**。這間書店在**Esola**百貨公司裡頭。小小的百貨公司非常有個性，設計感強烈，而且裡頭竟有兩間書店（另一間是**天狼院書店**），整棟樓層到處都有書，以書策展，太酷了。

離開Esola之後走路去附近的**淳久堂池袋店**。淳久堂有夠大！結帳櫃台超過20個，真是壯觀。在這裡買到之前在梟書茶房看到的一本書（那裡只能內閱），果然是大書店，書種齊全。另外值得一提的是，淳久堂有一整櫃以台灣為主題的書櫃，旁邊中國加上香港也是一櫃而已，內心不禁「哇！」了一聲。

之後搭公車去歌舞伎町的男公關書店**歌舞伎町Book Center**。這是一間奇妙的書店，之前在網路上看到創辦人、同時也是男公關的老闆說明開店原因，莫名感動。他說，「歌舞伎町是個充滿愛的地方，一般來說，來這裡玩的，大多是被愛困擾的人。我認為就算把自己灌醉，然後大鬧一場，也是無濟於事的。就在此時，如果你碰巧走進我們的書店，拿

1. Esola百貨小而精緻 2. 各樓層都有書，以書展策
3. 在Esola巧遇另一間天狼院書店

→ 歌舞伎町 Book Center → 台場 → 日本科學未來館

起一本講愛的書,書上的一行文字,可能就會為你的心靈帶來些許救贖。這種感覺不是很好嗎?」

讀到這樣的說明,身為獨角獸計畫推動者的我能不去嗎?不過實際造訪跟腦袋裡的美好想像還是有段差距,可能我們到的時間太早了,感覺整區都還沒醒來。書店空間有點髒髒暗暗的,本來還不太敢進去。書的分類蠻特別的,分成粉紅、紅、黑三種「愛」。但可惜早上不是男公關顧店。

之後因為時間問題,沒有再拜訪其他書店,直接衝去看兩個展(我那時還不知就在台場)。中間經過**Venus Fort**,想起這是阿全帶我們來過的地方,突然很想哭,嚇到誼了。

好不容易找到teamLab展出所在的**MORI Building DIGITAL ART MUSEUM**,票竟然已經賣完!我太小看teamLab的號召力了。跟這個展真的無緣,在台北時沒看到,在東京也看不到。

最後走去**日本科學未來館**看「**デザインあ**」(設計啊)展覽。展的構想來自NHK的人氣同名節目,製作人、設計師佐藤卓希望藉由觀察、思考、創作三個面向,以有趣及出乎意料的方式培養孩子的設計感及視角。很久以前就對這個展心嚮往之,這回來東京剛好和展期重疊,一定要去。

因此,雖然票有點貴(一人1600日圓),而且只剩一小時就要關展,但我跟誼還是決定進去。結果玩得很開心!果真是非常有創意的展,目的明確,從各種角度思考設計跟生活的關係,而且每一區都十分有趣,是好玩又有啟發意義的成功的展。

傍晚出來時陽光很美,心情回復了。

4. 歌舞伎町到處都是這樣的招牌 5. 男公關書店外觀
6. 男公關書店內部選書

颱風走了，起床看手機發現京都神戶大阪那邊影響非常嚴重，有的屋頂飛起來，有大卡車翻車，停車場車子撞到起火，我覺得好可怕，不過同時也覺得我們在這方面真的幸運，這趟旅行前前後後躲過了4個颱風。

今天第一站去池袋的梟書茶房，這間有書跟雜誌的咖啡館裝潢得很復古，我們坐在靠窗位子，兩旁都是書櫃，有很多好玩的書～

我們的下一站是一間男公關開的店，一開始媽媽只有跟我說我們要去男公關書店，我有點害怕，我以為是結合男公關坐檯的書店，後來媽媽再解釋我才搞清楚！

男公關書店在歌舞伎町，一路上就看到好多酒店的廣告看板，上面有各式各樣的男公關，髮型很像以前的小混混，還戴放大片！我偷偷模仿他們，好險沒人看到（怕被揍）。終於到了目的地，裝潢有點嚇人，中間還坐著一位可怕的大叔，半個像男公關的店員都沒有，店員是一位樸素的女生。這裡的選書跟一般

書店不太一樣，蠻有趣的～（不過媽媽有點失望）

要離開的時候在路邊搜尋下一站時，我看到對面有一隻大～老鼠在跑！我很興奮地跑過去拍，媽媽很害怕。

下一站前往之前爹地曾經帶我們去過的台場看展，而且媽咪很好笑到了才知道原來這裡就是台場！可是因為想起爹地她突然哭了，嚇我一大跳，我很堅強沒有哭還安慰媽媽。

結果第一個展沒看到，直接走去第二個展。我覺得非常有趣！有很多有創意的發想，也有讓大家參與的環節。其中一區放了很多畫架圍繞著一個東京鐵塔模型，讓大家隨意畫，畫完可以交到旁邊的機器掃描，它就會把你的作品投影到螢幕上，所以可以看到大家的作品。我也去畫了一幅，好好玩～

逛完這個有趣的展，我們走回台場吃晚餐，一路上夕陽光線超美的。

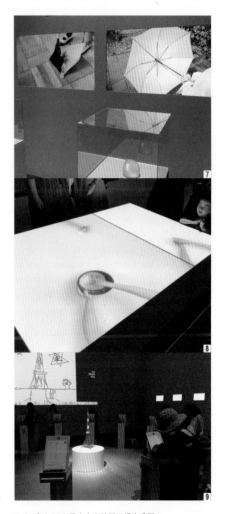

7~9. デザインあ展大人小孩都玩得十分開心

<u>餐飲、服務、設計、選書面面俱到的新營業模式：</u>
<u>梟書茶房</u>

由神樂坂書店Kamome Books代表柳下恭平和日本精品咖啡協會會長菅野真博聯手打造的梟書茶房，許多方面都令我驚豔。

一進門就看到壯觀的一整列覆面書。所謂覆面書是指重新包裝，將書原本的封面隱藏起來，有種盲選的樂趣。一本書的封面設計及文案原是要向讀者說明書的內容，但有時也會過於左右了讀者的第一印象，在此假設下，近幾年許多書店都玩起覆面書的企畫，然而梟書茶房卻是我所見過執行得最徹底和細膩的。

每本覆面書都有編號及少量文字提示,並且依據易讀性、實用性、適合當禮物等標準給予星星數,最下方還有「讀完這本,推薦no. xxx」,意圖使讀者從一本書旅行到下一本。

以獨立書店規模來說,梟書茶房空間頗大,共分四區:有水晶吊燈和復古沙發、適合交談的用餐區;為一人或兩人設計的靠窗位置、如一般咖啡館的閱讀區(我們當天就坐在這裡);像是大學圖書館、供個人讀書自修的學院區;及以植物和木家具妝點、可以享受陽光從落地窗照射進來的森林小屋。不論是哪一區,附近或桌上都有為該區客層精心挑選的書。

通常複合式空間總有主要經營項目及附屬之別,然而梟書茶房卻在每

個環節都專業到位。不論空間設計、採光、座位安排、餐飲、服務，以及選書──包含內閣的圖書收藏及販售的覆面推薦書，樣樣都有專業水準。甚至上千冊推薦書已可製作成選書目錄，成為書店獨家出版的刊物。

店內更有許多好玩的企畫，例如「書與咖啡」套餐，以一個關鍵詞為主題選書，並與知名咖啡師合作，特別調製咖啡；或是內附咖啡券的命定之書，當天購買即可使用；以及不定期邀名人合作選書，同樣都以

覆面書方式帶給讀者驚喜。我在這裡邂逅了喜歡的書，可惜不能購買（後來在淳久堂買到了），但若我是日文讀者，一定會很享受不時來這裡享用餐飲的時光，選一本命定之書。

地址：東京都豐島區西池袋1-12-1 Esola池袋 4樓　**交通**：池袋站步行1分鐘
官網：shop.fukuroshosabo.online

9/6 (四) DAY 29

赤城神社 → Kamome books → La Kagu → 草間彌生博物館 →

今天行程非常瘋狂，其實在東京的幾天都很瘋狂，一方面因為回台時間愈來愈近，想多跑幾個地方，另一方面，東京本來就是書店最多最密集的城市。（根據《Monocle》2017宜居城市調查，東京的實體書店數是1300多家，名列世界之冠，書店數次多的城市是600多間，僅是它的一半；當然現在應該都已減少許多）

一早先去郵局把書寄回台北，減輕重量。這次郵局比較近，就在離飯店3、4分鐘距離。但這次經驗沒有上次在神戶好，一來人較多，二來箱子要自己黏封（神戶那間郵局都完全幫我們弄好），更不順的是，上回東西塞得剛剛好，這回中箱不夠放、大箱又很空，郵局也不提供防震的填塞物。於是我請誼在郵局等，自己走回飯店去拿一些東西來塞。雪上加霜的是，早上把房卡留在房間裡，重新跟櫃台要一張，又花了點時間。

好不容易把書寄出去，已經11:00了。**先去赤城神社**，然後走路去**Kamome**

1. 赤城神社也是隈研吾的作品 **2.** 由舊書店倉庫改造的La Kagu **3.** Kamome books的布丁餐一定要嘗試

→ 三菱一號美術館 → CAFE 1894 → A16 Cafe → 双子のライオン堂書店

Books（海鷗書店）。這間書店的布丁餐很有名，果然令人驚豔，書店選品也很棒！布書衣好美，好想買，但誼讓我回復理智。（它的尺寸只適合日本文庫本）

接著去對面的 La Kagu。由老字號出版社新潮社（這裡原本是他們的倉庫）和企業集團SAZABY LEAGUE合作，並找來建築大師隈研吾打造的複合式空間，有書、雜貨、咖啡、服飾等。實際造訪沒留下太深印象，書比想像中少。（2019年已改由AKOMEYA Tokyo進駐經營）

雖然神樂坂地鐵站就在對面，但我們還有一個點要去：草間彌生博物館。Google Maps指示要走15分鐘左右。15分鐘看似不遠，但我走得筋疲力盡（我的旅行體力好像到臨界點了），若不是有誼陪伴（搞笑）我應該會放棄了。

好不容易走到，竟然休館！我有事先上網查，說是週一～三休館，特別等到週四來的說！非常崩潰。誼不斷給正面鼓勵，還好她沒有抱怨，真是好孩子。

回程買了水蜜桃，算是給自己的補償。

（結果一整天小心翼翼捧著，好笨。只怪當時太沮喪沒想那麼多）

於是又走了15分鐘回到地鐵站，下個目的地是三菱一號美術館。我們原本應該在二重橋站出站，這個站名不知為何被塗掉了，可能在維修。總之改由大手町站出站。原本覺得今天波折真多，然而這個改變卻令我們很開心，原來大手町站附近是這麼現代美麗的地方，離東京火車站很近（我們真是太沒有地理概念了），一路走去像身處歐洲。

三菱一號美術館也很美。找到雜誌推薦的CAFE 1894，本想在這裡吃飯，但排隊一會兒後，忽然覺得不一定要在裡頭用餐，一方面等待很浪費時間，二來不便宜，餐也不一定好吃（教堂咖啡館的經驗）。於是離開尋找其他不用排隊的餐廳，最後在一間咖啡館吃了難吃的披薩，橄欖好多好鹹（誼覺得很臭，她說比蕃茄還不敢吃），失敗的一餐。

緊接著搭車去双子のライオン堂書店。這間書店好妙，雖然大門做成書的樣子，但位置很不明顯，不太好找。（且入

內要脫鞋）可能因為店小又沒有人，在裡頭逛書有點負擔。不過選書及陳列是蠻有趣的。

下個目標是今天的重點：**Shibuya Publishing & Booksellers**，前兩天就想要去一直沒去成。前往Shibuya Publishing & Booksellers途中還意外經過**The Monocle Shop**（前述《Monocle》雜誌經營的選品店，在幾個城市都有分店）。

Shibuya Publishing & Booksellers客人頗多，店也好逛，除了書之外，也有很多好品味的選品，有趣的是還看得到出版社在裡頭工作的模樣。

最後一站趕去表參道的**HADEN BOOKS：by GreenLand**，這間本來在名單中，但不知為何沒排進行程，當天朋友在我貼文中留言推薦，想著那就去看看。

它8:00打烊，我們7:00前趕到，若不是我們進來，老闆已經準備打烊的樣子。結果這間只有甜點沒有鹹食，真是抱歉，今天一直沒讓誼好好吃到一頓正餐。不過甜點（羊羹）做得很高級感，

前往三菱一號美術館途中

非常美味。店也很美，果然是表參道的店，可以想像白天有陽光灑進的時候一定更美。下次要白天來。店裡還有一架鋼琴，是以書和音樂為主軸的空間。

買了一本在Route Books看過的雜誌《a quiet day》，感謝店主為我們兩位客人延遲打烊。日本的店都會自動送上冰水，HADEN BOOKS送上的是冰茶，很好喝。

今天走好多路，累壞了。看iPhone的計步數，今天竟然是破紀錄的18,228步！13公里！

回飯店前去超商買點心和泡麵，今天在食物方面好像都沒得到飽足。回飯店邊吃邊看韓劇，滿意。

早睡，準備明天早起，要回台北了。

* 這趟學會用鞋拔，我和誼都很興奮，每次使用眼睛都會發亮很開心（好像笨蛋）。

三菱一號美術館

尺度完美的理想書店：Kamome Books

這趟造訪的書店中，有好幾間書店主人本身即是編輯或是相關工作者，Kamome Books（海鷗書店）店主柳下恭平也是。先是成立了校閱公司鷗來堂，因為每天經過的書店忽然歇業，不忍書店消失，興起接手開書店的念頭，在原址成立了Kamome Books。因為海鳥展翅像極了書頁展開的樣子，名稱由此而來。

可能因為我自己也是編輯，我感覺編輯或相關工作者開書店有個好處，因為他對書的認識較一般讀者更刁鑽（那是他的工作），深知從素材變成為一本書的過程，理解「溝通」的重要。這些能力在經營空間

時，肯定有幫助。

我對Kamome Books的第一印象是尺度及空間規畫完美。同樣是複合式空間，Kamome Books的格局給我一種恰到好處的感受。它的「複合」並不混雜，卻也不完全切斷，既連貫又獨立，我想到的第一個形容是優雅。

柳下恭平同時也是前述梟書茶房的選書顧問，在Kamome Books同樣能窺見他傑出的企畫能力，但又和梟書茶房不大一樣。譬如和攝影師、設計師友人合作選書，推出「海鷗書店的一週間讀書生活」，週一「如何提起面對工作的勇氣」、週五是「冬夜適合帶上床的書」……。或是各種有趣的主題，如夏天時「怎能不去海邊」、給社會新鮮人「初

次見面的新生活」、探討兩性的「男人透過眼睛墜入情網，女人則透過耳朵」……等等誘人好奇的主題。

海鷗書店不能拍照，只能在咖啡座上拍。我和誼在這裡品嚐了有名的布丁餐，布丁和吐司來自附近有名的甜點店ACHO，好吃不在話下。

除了經營校閱公司、書店、擔任選書顧問，柳下恭平還和友人成立了出版社「文鳥社」，活躍於各種與書有關的舞台。他曾說，「書本是認

識這個世界的重要途徑。」看來他正實踐著，把他看到的世界帶給讀者，也讓讀者藉由書去看見自己的世界。

地址：東京都新宿區矢来町123第一矢来ビル1樓　**交通**：神樂坂站步行2分鐘　**官網**：kamomebooks.jp

出版社的創意現場：
Shibuya Publishing & Booksellers

Shibuya Publishing & Booksellers讓我想起詹宏志先生說過的話：「當過編輯之後，全世界的事你都可以做。」

這間出版社成立的書店，除了經營書店、自製書及雜誌、幫Book & Bed選書、企業代編刊物，營業項目還跨足自創雜貨品牌。然而有趣的是，它並不是如我以為的，先有出版社，而後為賣自家書考量而開了書店。創辦人福井盛太因為想開書店，聽朋友建議同時成立出版社，兩者一起誕生。

「希望書籍跟麵包一樣，現場製作現場販售。」

從一開始側重設計感，主要擺放藝術、攝影相關書籍，給人高貴難以親近的形象，轉型為現今年輕人和年長者都會來、都能找到自己喜愛之書的鄰里般的書店。已屹立十數個年頭的Shibuya Publishing & Booksellers，現在是新潮、新鮮、有趣事物的匯聚中心。

當天印象最深刻的是它的選品，我很訝異出版社兼營的書店能有如此高水準的選物能力。（當時還不知道雜貨原是這家公司的強項之一）品項及其設計感和美感，不輸給任一間專業選品店。

我想，Shibuya Publishing & Booksellers反轉了我對「出版社→書店」的理解邏輯，他們對所製作的「物」、使用的「人」、銷售的「場域」，是

一起思考的。

很開心在東京旅行的最後一天，終於趕來見它一面。透過玻璃窗看到
出版社人員忙碌的工作現場，真的有一種看到作品來源和成形之初的
感動。

地址：東京都澀谷區神山町 17-3　　**交通**：澀谷站步行10分鐘　**官網**：shibuyabooks.co.jp

はかりきれない世界の単位

誰も知らない世界のことわざ
The Illustrated Book of Sayings

ATLANTIS ZINE 06

2018

a denim story

ギャラリーへ行く日

ATLANTIS

創刊号

境界

空の辞典

ひらがな脳

日本に暮らすしあわせ

NO BOOK NO LIFE

Editor's selection

編集者22人が本気で選んだ166冊の本

攝影：李盈靜

30天的書店旅行買了很多書回來，雖然已經克制再克制，還是帶回了兩箱書。為此，回台北後，在已經很小的家居空間中，又添購了一個有門的新書櫃存放它們。

這些書大都圖文編排精彩，或是企畫、開本、用紙富有創意巧思。每回想事情卡住的時候，我就會把書櫃的門打開，隨手翻閱這些獨特美麗的書籍，通常都會得到靈感。

旅行結束，旅行的豐厚養分繼續在生活中發光。很開心我們創造了記憶，也藉由一本本書將旅行中的見識帶回來。一本書，就是一間書店。我和誼的旅行，以某種意義來說，一直都在持續，就在這些書裡。

希望你也會愛上書店 / 李惠貞

「書店真是迷人的存在。」希望看完本書會讓你有這樣的感受。

沒有一間書店是重覆的,如同沒有兩種書是完全一樣的。這一個月的書店之旅,像是不斷邂逅驚喜的過程,僅僅作為一個日文的門外漢就有如此豐厚的收穫,如果能讀懂當地語言,我相信會有更深的體會。這場外地的探勘,讓我確信書店還有更多魅力和可能性可以發揮。

書店是和未知相遇的場所。當網路不斷迎合使用者喜好給予類似的事物,我們的小世界愈來愈擁擠,然而廣大的未知卻與我們愈來愈少連結。即便Google能回應任何提問,但對於我們一無所知的事,我們要如何下關鍵字呢?

「當書店開門迎客,世界的其他部分也隨之而來。」*

網路做不到的,書店能做到。我們的雙眼會發亮,意識會被喚醒,原來有各式各樣的人生,原來還有我們不曾想像的世界。書店可以幫我們探尋出一條新的路徑,書店幫助我們重新活起來。

每一座城市都需要書店,有書店存在的街區是幸福的。

《重生的書店》描述311災後，在水電網路尚未完全復原的災區，外來者訝異地發現，書店門口排隊的人竟和超市外的人潮一樣多。因為此時需要的不只是民生物資，人的心靈同樣需要重建。除了即時資訊，受創的心還需要能穩住的力量。

當街區書店的燈亮起來，就像是灰燼中燃起希望。

那樣的光能在我們心中，不會熄滅，只要我們繼續愛上書店。

★《如果你愛上一家書店》，劉易斯‧布茲比著，陳體仁譯，網路與書出版

國家圖書館出版品預行編目(CIP)資料

和女兒一起旅行的日子/ 李惠貞，陳德謐作. ——臺中市：
維摩舍文教事業有限公司，2021.06 面；公分
ISBN 978-986-06046-2-7 (平裝)
1.遊記 2.書業 3.日本

731.9   110007170

和女兒一起旅行的日子

文字、攝影	李惠貞、陳德謐
插畫	陳德謐
編輯	李惠貞
校對	吳偉民
設計	霧室

發行人	葉惠貞
出版	維摩舍文教事業有限公司
地址	台中市大里區永隆路153號
電話	04-24079960
傳真	04-24072469
電郵	ibsvima01@gmail.com

印製	富友文化事業有限公司
初版一刷	2021年6月
定價	380元